Overseas Collections of Chinese Treasures

海外珍藏中华瑰宝

本丛书收录了2000件世界著名博物馆珍藏的中华瑰宝图片，其中不乏孤品、精品、罕见之品，它们展现了华夏五千年璀璨的文明，谱写着中国工艺美术辉煌的历史。

white porcelain

白　瓷

张怀林 / 主编

林　瀚 / 著

北京工艺美术出版社

图书在版编目（CIP）数据

白瓷/林瀚著.–北京：北京工艺美术出版社，2011.1
(海外珍藏中华瑰宝)
ISBN 978–7–80526–888–0

Ⅰ.①白... Ⅱ.①林... Ⅲ.①白瓷（考古）–研究–中
国 Ⅳ.①K876.34

中国版本图书馆CIP数据核字（2009）第231274号

责任编辑：陈高潮
英文翻译：张　绘
法文翻译：Brian Nichols
封面设计：符　赋
版式设计：大达设计公司
责任印制：宋朝晖

白　瓷

林瀚　著

出版发行	北京工艺美术出版社	
地　　址	北京市东城区和平里七区16号	
邮　　编	100013	
电　　话	（010）84255105（总编室）	
	（010）64283627（编辑室）	
	（010）64283671（发行部）	
传　　真	（010）64280045/84255105	
网　　址	www.gmcbs.cn	
经　　销	全国新华书店	
制　　版	北京杰诚雅创文化传播有限公司	
印　　刷	北京顺诚彩色印刷有限公司	
开　　本	700毫米×1000毫米　1/16	
印　　张	7	
版　　次	2011年1月第1版	
印　　次	2011年1月第1次印刷	
印　　数	1～3000	
书　　号	ISBN 978–7–80526–888–0/J·788	
定　　价	42.00元	

博物馆简介

大英博物馆
British Museum
位于伦敦大罗素广场，1753 年建立，是世界上建立最早、规模最大的博物馆。共有 100 多个陈列室，面积 7 万平方米，藏品 600 万件，其中中国的历代稀世珍宝达 2 万多件。

大卫中国艺术基金会
Percival David Foundation of Chinese Art
斐·大卫爵士将自己收藏的 1700 多件中国艺术珍品捐献给伦敦大学，伦敦大学遂设置了"大卫基金会"，并于 1952 年正式对外开放。2009 年 4 月起，全部藏品移至大英博物馆第 95 号展厅。

维多利亚和阿尔伯特（V&A）博物馆
Victoria and Albert Museum
位于伦敦，1852 年建立，是世界上最大的装饰艺术及设计博物馆。展品 450 万件，并设有中国艺术品专馆。1899 年，为了纪念维多利亚女王和她的丈夫阿尔伯特改名至今。

吉美国立亚洲艺术博物馆
Musée national des Arts asiatiques Guimet
位于巴黎第 16 区。1889 年，由里昂工业家吉美先生创立。1927 年，并入法国国家博物馆总部。1945 年，接受卢浮宫移来的亚洲艺术展品，因而成为首屈一指的亚洲艺术博物馆。

赛努奇博物馆
Musée Cernuschi
设于法国巴黎蒙梭公园旁的亨利·赛努奇古宅内。1898 年创建，是欧洲五大亚洲艺术博物馆之一。该馆以陈列亨利·赛努奇长期环球航海旅游所搜集的亚洲艺术品为主，共有艺术珍品 12000 件。

西班牙国家装饰艺术博物馆
Museo Nacional de Artes Decorativas
位于马德里蒙塔班街 12 号，建于 1851 年，欧洲著名装饰艺术博物馆之一。以收藏文艺复兴、巴洛克、洛可可及 19 世纪各国家具和装饰工艺品为主，藏品 90000 件。

前 言

张怀林

中国工艺美术是华夏文明熠熠闪光的瑰宝，是我国广大人民劳动与智慧的结晶，它见证了中华五千年光辉而曲折的发展历程，铭刻着数不尽的文化和科技信息。

目前，有相当数量的中华瑰宝正静静地躺在世界各大博物馆的展柜里，向来自地球各方的参观者默默地讲述着：在遥远的东方，有一个伟大而古老的中华民族，这个民族有着多么光辉而灿烂的历史和文明！

这些中华瑰宝，有些是陆地和海上两条丝绸之路上的经济贸易"使者"，也有些是在积贫积弱的那段历史时期下无知和屈辱的牺牲品。

说它们宝贵，并不在于拍卖会上拍出的天价，而在于它们的唯一性和不可再生性。这里有存世唯一的一对元代纪年款的至正青花象耳大瓶，有国内绝迹的明洪武款青花器，有近几年才听说的克拉克瓷和难得一见的五彩缤纷的外销瓷；还有一些在国内只有几件最多几十件的洒蓝碗、暗花枢府釉器、霁蓝龙纹梅瓶、宣德釉下三鱼纹高脚杯、永乐压手杯、德化何朝宗最精彩的关公和观音、汝窑器、官窑器……

当我在异国他乡，徜徉于这些出自本民族之手而自己却十分陌生的国之瑰宝面前时，出于一个出版工作者的本能和责任感，陶醉与感叹之余，我的第一个念头就是把它们装在书里带回去，与我们的同胞分享。

面对这一件件精美而久违了的宝器倩影，你可以在茶余饭后沉醉陶冶，可以追思华夏五千年沧桑沉浮，可以引领你步入收藏世界的大门并帮助你积累鉴赏古玩的常识，可以比对你的收藏品雌雄真伪，可以为你的论著寻找佐证或修正你的相关学术论点，也可以重新找回曾经中断了的那一段段工艺美术的历史……

目 录

白瓷

一、原始白瓷

　　白瓷是中国瓷器"族群"中的一个大家族。白瓷烧造历史悠久，窑口分布广泛，其空灵玉洁、质朴典雅的品质，不仅国人喜爱，在海外也备受青睐。在中国瓷器史上，白瓷虽不是最早的瓷器，但白瓷的出现，不仅标志着烧瓷技术的一大进步，而且为后来五彩缤纷的青花、彩绘、彩瓷世界提供了技术上的可能和坚实的发展基础。

　　最早的白瓷大约出现在东汉。湖南长沙、零陵和耒阳等地东汉墓葬中均有一些白瓷器物出土。尽管这些器物在釉色上还不够白，还含有一定的青或黄的成分，有的专家把它们定义为"原始白瓷"或"准白瓷"。但它们的问世，至少表示了当时人们对白瓷生产的一种追求和努力。原始白瓷的烧造成功应该是日后纯正白瓷无限辉煌的一抹曙光。（附图1）

原始白瓷　豆

附1　东汉 湘阴窑
1955年长沙丝茅冲军营出土
中国湖南省博物馆藏

二、北朝时期的白瓷

到了北魏时期，孝文帝进行了一系列的改革，比如实行"均田制"，迁都洛阳，采用汉族统治制度，命鲜卑族贵族说汉语、着汉装、学习汉文化，允许与汉人通婚等。这些改革不仅促成了北方少数民族与汉民族的大融合，而且促进了北魏经济的大繁荣。手工业包括瓷器生产的发展自然也获得了良好的经济基础和社会环境。当时南方的青瓷烧造技术已十分成熟，北朝窑工在向南方学习青瓷技术的同时，开始摸索着制作白瓷。鲜卑人十分崇尚白色，将白色视为圣洁和高贵，这也是北魏人努力烧造白瓷的重要因素之一。

河南安阳的北齐武平六年（公元 575）范粹墓及河北内丘的北朝瓷窑遗址都有大量白瓷出土，虽然胎质和釉色还不十分理想，但这些器物毕竟可以被称作真正意义上的白瓷，同时也说明了北朝时期的白瓷生产已经初具规模。本书大英博物馆收藏的这只白瓷八角杯（图 1-1），就是北齐或隋代的。这只古波斯角杯风格的白瓷杯，胎土质地较粗，胎面施过化妆土，釉色不够光亮，但从杯子棱角的制作难度及高浮雕兽头栩栩如生地塑造来看，当时在瓷器制作方面已经具备了较高的水平。本书图 2 至图 8 是隋代和初唐时期的白瓷，分别来自英国和法国四大博物馆，器物的胎质和釉色都有了明显的提高，白瓷在当时的普及程度已初见端倪。这时距最早出现原始白瓷的东汉已经过去了 5 个世纪。

其实，白瓷与青瓷在制作技术方面的区别仅仅是将胎土过滤得更加纯净一些，尽可能不含呈色剂，胎釉中铁的氧化物含量降低到 1% 以下而已。当时这么一点点技术上的改进，竟然用了四五百年的时间。就像原始社会将打制石器改为磨制石器，这在当今看来微不足道的改进，早期人类却花费了 250 万年的时间。但是这一改进意义却十分重大，它标志着社会发展史的巨大飞跃——人类从此进入了文明时代。同样，白瓷的成熟标志着中

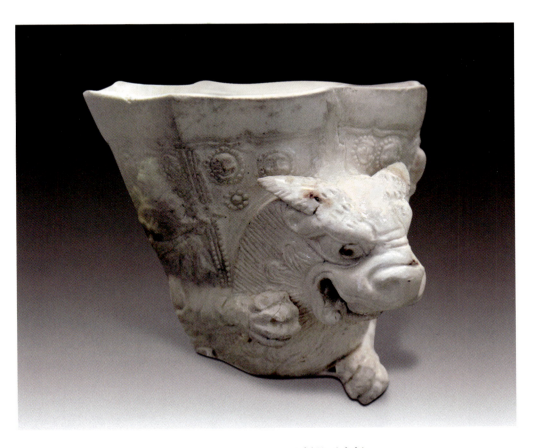

炻器 八角杯

1-1
北齐－隋（公元 6 世纪）
北方中部窑
大英博物馆藏

■ 角杯是古代波斯王国祭祀或庆典时用的盛酒器具，古希腊语称"来通"（rhyto），一般用兽角制成，也有用金、银、玛瑙、玻璃制作。公元前 2 世纪即有此类物品流入中国。这只公元 6 世纪的杯子，兽头和印模图案非常接近波斯角杯的风格。

飞狮金杯

1-2
古波斯（公元前 5 世纪）
伊朗
德黑兰考古博物馆藏

炻器 杯

2 　隋
　北方窑
　吉美博物馆藏

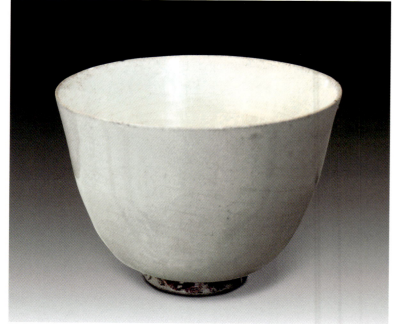

炻器 杯

3 　隋
　河北窑
　大英博物馆藏

■ 这件杯子的杯壁非
常薄，可以看出隋代
瓷器的工艺制作水
平已经很不错了。

国瓷器将从此走向了一个无比广阔的世界，这一技术上的改进意义非同凡响。

三、中国最早的白瓷大窑——邢窑

讲到白瓷，首先要提到邢窑。邢窑位于河北内丘、临城、邢台一带，是我国白瓷生产成熟最早的窑系。从北朝开始建窑，到了隋唐已达到鼎盛，这个时期邢窑出产的白瓷产量最高，质量最好。产品器型精美、胎体轻薄、断面平滑，叩之有金石之声；釉色细腻坚实、白如凝脂；釉面气孔率低、透影性强。唐代陆羽在《茶经》中称赞邢窑白瓷"类银类雪"；李肇在《国史补》中写道："内丘白瓷瓯，端溪紫石砚，天下无贵贱通用之。"足见唐代邢窑白瓷在国内影响之大、流传之广。声名鹊起的邢窑打破了越窑青瓷一统天下的局面，为白瓷争得了瓷器王国的"半壁江山"。当时民间就流传着"南青北白"的说法。唐代诗人皮日休《茶瓯》一诗也表明了这一点："邢客与越人，皆能造兹（瓷）器。圆似月魂堕，轻如云魄起。"邢窑白瓷不仅在民间广为流行，而且在皇宫内也备受赏识。在不少出土的邢窑白瓷的成器和残片上都发现刻有一个"盈"字。唐朝皇宫储藏珍宝的御库叫"大盈库"，有"盈"之器即为御藏之器。大盈库是皇帝的私库，专门存储赏赐之物。当时的唐明皇与杨贵妃常以邢窑白瓷赏赐臣民，可见邢窑白瓷身价金贵非凡。

邢窑白瓷受宠于朝野，也促使北方各地窑口纷纷模仿。其中河北的曲阳窑，河南的巩县窑、鹤壁集窑、密县窑、登封窑、荥阳翟沟窑、郏县窑，山西的浑源窑、平定窑，陕西的耀州窑、安徽的萧县窑等，也都烧出了不错的白瓷，不过在器型和做工方面还是可以看出明显模仿邢窑的痕迹。

唐朝末年节度使的藩镇割据，五代十国频繁的改朝换代，使中国北方烽烟四起、战火连绵，仅五代的60多年中，邢州一带就发生战争28起，使得生灵涂炭、哀鸿遍野。大批窑工或被迫服役、或背井离乡。如果说北魏的政治昌明、经济繁荣是邢窑崛起的契机，那么唐末五代的政局动荡就是邢窑走向衰亡的主因。加之在"天下无贵贱通用之"的红火年代对瓷土的疯狂开采，造成了邢窑周边制瓷资源的迅速枯竭，在荣耀和赞誉的簇拥下缺乏继续创新和不断进取，邢窑白瓷渐渐失去了昔日的光彩，市场不断萎缩，邢窑的薪火也慢慢熄灭了。

炻器 倒钟罐

4 隋
河北窑
大英博物馆藏

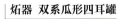

炻器 双系瓜形四耳罐

5　隋
　河北窑
　大英博物馆藏

炻器 刻花 扁壶

6　隋末 – 唐初（公元 600–650）
　北方窑
　V&A 博物馆藏

■ 该壶的制作相当精美，金属瓶盖是后来欧洲收藏者加上去的。

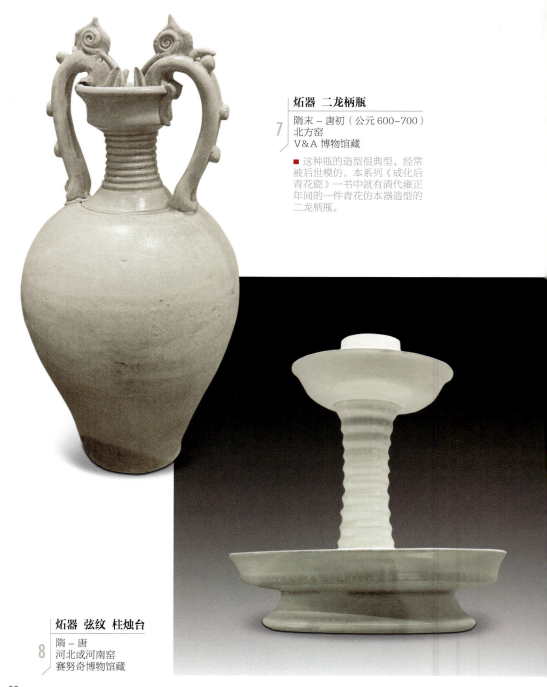

炻器　二龙柄瓶

7 隋末－唐初（公元 600–700）
北方窑
V&A 博物馆藏

■ 这种瓶的造型很典型，经常被后世模仿。本系列《成化后青花瓷》一书中就有清代雍正年间的一件青花仿本器造型的二龙柄瓶。

炻器　弦纹　柱烛台

8 隋－唐
河北或河南窑
赛努奇博物馆藏

炻器 盘口长颈瓶

9-1 初唐
北方窑
吉美博物馆藏

■ 唐朝通过丝绸之路
与西域有着比较频
繁的交往，地中海
沿岸的工艺品流入
大唐很多。这只瓶
的盘口、长颈和喇
叭高足受古希腊画
瓶影响比较明显。

彩陶 画瓶

9-2 希腊
古风时期（公元前 7–6 世纪）
大英博物馆藏

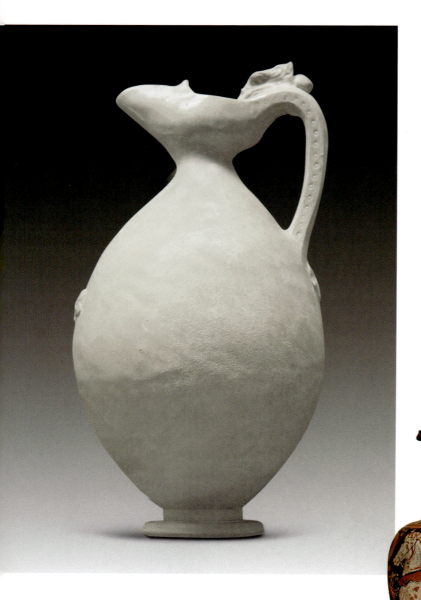

炻器 透明釉 注子

10-1 唐
北方窑
赛努奇博物馆藏

■ 这只注子的造型显然也受到希腊画瓶的影响。

彩陶 画瓶

10-2 希腊
古风时期（公元前 7–6 世纪）
大英博物馆藏

炻器 刻花莲瓣纹 鼓钉碗

11 中晚唐（公元 800-907）
邢窑
大卫基金会藏

炻器 莲瓣纹 碗

12 晚唐
邢窑或定窑
吉美博物馆藏

炻器 印花鱼纹 海棠盘

13
晚唐
邢窑或定窑
吉美博物馆藏

■ 这是一只椭圆形海棠口盘。印花鱼纹比较模糊，图案也较简单，可见当时印花技术还很不成熟。

炻器 双耳小酒罐

14
晚唐（公元 9 或 10 世纪）
邢窑
大英博物馆藏

■ 唐代邢窑闻名遐迩，遭到来自四面八方窑口的仿制，有些窑口仿品与邢瓷十分接近，比如曲阳窑（定窑）与邢窑的白瓷从器型到釉色都十分相似，已难辨雌雄。这只小罐与图 15 那只带足盂能被确定为邢窑所出，非常难得。

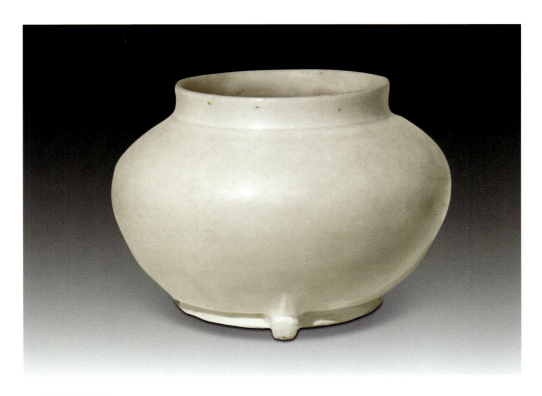

炻器 带足盂
15 晚唐－五代
邢窑
吉美博物馆藏

炻器 平沿钵
16 晚唐－五代
邢窑或定窑
吉美博物馆藏

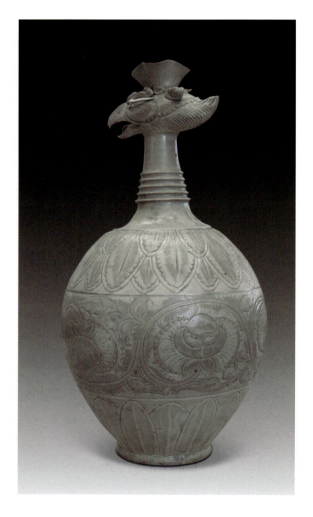

抱凤头壶的仕女线刻画

17-2
唐
永泰公主石椁壁

■ 永泰公主（公元684–701）李仙蕙，唐中宗李显第九女，武则天的孙女，其兄李重润与夫武延基不满武则天男宠参政，被武则天赐死。李仙蕙因受惊吓于次日难产而死，时年17岁。中宗复位后以礼厚葬，改墓为陵，与帝王规格同。墓中除有大量精彩壁画外，石椁壁上有15幅表现宫廷生活的线刻仕女画，其栩栩如生的造型和气韵流畅的线刻为中国美术史中罕见的艺术精品。本图中墓主人怀抱的就是上图所示类型的凤头壶。

炻器 青白 花口凤头壶（缺执柄）

17-1
晚唐（公元9或10世纪）
西村窑
大英博物馆藏

■ 凤头壶是一种波斯风格的器皿，唐代早期就开始在宫廷中使用，陕西的唐永泰公主陵石椁线刻画便是一例证。本壶采用单线划花和篦划栉结合的装饰技法，瓶腹中部为传统牡丹缠枝纹，而上下则是具有岭南地方特色的蕉叶纹。釉色偏灰，划花处留釉较厚，颜色呈深灰。

■ 西村窑位于广州西村，改名。始于晚唐，盛于五代、北宋。主要烧造青白瓷，兼烧青瓷、黑褐瓷。器型多达四十余种，特色产品是凤头壶和刻花折沿大盘。该窑坐落在流注珠江的增涉河岸，海外运输便利。因此，从宋代起即有产品大量外销，东南亚一些国家的古代遗址均有出土。而国内极为少见。

炻器 瓜形注壶

18 五代 – 北宋
磁州窑系
吉美博物馆藏

炻器 鸟形注子（内有小龟）

19 五代或辽（公元 10 世纪）
邢窑风格 北方窑
大英博物馆藏

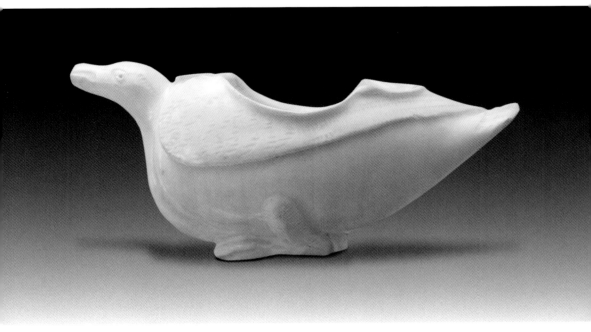

海外珍藏中华瑰宝

关键词　炻器

陶瓷是由陶器、炻器和瓷器三个大类组成的。一般从使用材料、烧造温度和成器特性对它们来加以区分。

陶器的胎料一般为黏土，精陶用青土，加少量长石、石英。烧造温度一般在900–1200℃左右，温度太高器物易变形或烧坏。成器胎体断面粗糙，多孔，渗水性强，颜色为黄、红、灰、黑，也有白的，不透明，叩击声音沉闷。

瓷器胎料为瓷土、黏土、长石、石英等。烧造温度在1300–1400℃左右。胎体致密坚硬，不渗水，色洁白，半透明，叩击声清脆，机械强度高。

炻器在有些方面介于这两者之间：材料虽也用黏土、长石、石英，但黏土的比例比瓷器大，而长石则比例较小，为提高强度、热稳性和烧结度，有时还加一些高岭土、废瓷粉和滑石。烧造温度在1160–1350℃左右。胎体致密，完全烧结，但还未玻化，不透明，渗水率为2%–6%，声音不如瓷器清脆，但热稳定性和机械强度比瓷器好，不怕高温蒸煮烧烤，做成餐具和炊具非常适应当代的微波炉或洗碗机，加之材料成本低廉，烧造要求也相对较低，因此，炻器很适合大批量中档日用器皿的生产。

中国古代陶瓷中有大量的炻器，宋以前的炻器更多，炻器在中国古籍中被称作"石胎器"。国内收藏界把炻器归到瓷器类，通常不太加以区分，在文章或书籍中也没有专门注明，所以不少人对"炻器"这个词比较陌生。而欧美国家则把它们分得很清楚，在英语中这三个种类叫法是不同的，陶器是earthen ware，炻器是stone ware，瓷器是porcelain。"炻器"这个词也是欧洲人叫出来的，stone是石头，ware是器皿，原意为"石器"。日本人在翻译时为了将其与雕琢的石器区分，在"石"旁加了个"火"字。在欧美，人们买陶瓷时一定要问清楚是store ware还是porcelain，因为它们之间价格差别很大，同类产品瓷器要比炻器贵得多。在一般家庭，

16

炻器 执壶

20 晚唐
定窑
吉美博物馆藏

▪ 执壶也叫注壶、注
子，元代以前多为酒
壶，明清以后多为茶
壶。隋代始烧，中唐
以后开始流行。各个
朝代的执壶造型都不
太一样。

炻器 叶形盘

21 晚唐–宋（公元 907–1000）
定窑
大卫基金会藏

炻器 唇口碗

22　五代
定窑
赛努奇博物馆藏

炻器 盖盒

·23　五代
定窑
吉美博物馆藏

瓷器只有过节或招待亲朋好友时才拿出来使用。

欧洲博物馆在展出这些中国陶瓷时，炻器和瓷器大部分是加以区分的。我们在编辑本丛书的过程中，对瓷器分册中的炻器特别加以注明，没标注的基本为瓷器。这样做一来尊重了收藏者的原意，二来也可帮助读者更进一步了解中国古代陶瓷的品质、特点和各窑口、各时期陶瓷烧造的类型和水平。

四、定窑的崛起

北宋王朝的建立，为中华民族带来了新一轮的经济繁荣。在邢窑北部不足300里的曲阳窑，从唐朝起即向邢窑全面学习烧造白瓷的技术。到了北宋，开始恢复并大力发展白瓷生产。宋代是中国造瓷业空前发展的一个朝代，大江南北群窑四起，一派繁荣景象。但是，此时绝大多数的窑口仍以生产青瓷为主，邢窑倒了以后，高品质的白瓷烧造便成了空白。曲阳窑看准了这一历史机遇，凭借自己从邢窑那里学来的技术功底及百年烧造经验，决定在白瓷领域闯出一片新天地。他们汲取了邢窑衰亡的教训，在提高质量的前提下，十分注重技术创新和新品种的开发。在装饰上，他们采用了划花、刻花、剔花、模印、贴花、浮雕、圆雕等多种多样的形式。尤其模印，是从金银器制作那里借鉴过来的技术，又直接把当地著名的缂丝花纹图案的粉本拿来，移植到印模中，印出来的花纹精妙之极。所以曲阳白瓷的模印技术似乎没有发展过程，一开始便显得十分成熟。在器型上，除了保留传统的杯、碗、盘、壶、瓶、罐以外，又开发了仿金银器和孩儿枕等。即便是传统器型，也进行了改造。比如碗，唐、五代多为饼底、玉璧底，十分笨重，现改为轻巧的窄圈足，且内外各削一刀（图43）。碗壁由以前坚挺的45°直线斜出（图22），改为柔和的曲线形（图24）等。最突出的改革还是在烧造技术上，他们别出心裁地创造了一种"覆烧法",不仅可以涂釉到底,而且大大提高了烧造产量。过去以及其他窑口采用的仰烧法是碗盘口朝上,一钵一器。而覆烧法则器口朝下,以垫圈支撑,一器只占过去 1/5 的空间,也就意味着每窑可提高产量 5 倍。美中不足的是口沿无釉,人称"芒口"。曲阳人在芒口上以金、银、铜包镶,不仅弥补了口沿无釉的缺陷,而且使器物更显金贵,也形成了被人一眼便可认出的个性特点。

除了主烧白瓷以外,曲阳窑还兼烧黑釉、绿釉、酱釉、酱紫釉、白釉黑花、黑釉描金等多个品种。

色白如玉、晶莹滋润的釉色品质,丰富多彩的器型和装饰,震惊四邻的覆烧工艺,使得曲阳窑在众多的烧瓷窑口中脱颖而出,名声远扬。曲阳窑当时隶属定州,所以也被人称作"定窑"。后世将其与汝窑、哥窑、官窑、钧窑并称为宋代"五大名窑"。在这五大名窑中,定窑是唯一烧造白瓷的大窑。

五、文人的至爱 皇室的新宠

中国文人向以"清白"自诩,洁白玉莹的定窑白瓷自然深受文人的赏识。宋代大诗人苏东坡在与朋友饮茶时看到主人使用的定窑白瓷茶具喜爱不已,一时诗兴大发,写下了"又不见今时潞公煎茶学西蜀,定州花瓷琢如玉"的名句(草书"如"与"红"极为相似,当时的编书人误将"琢如玉"印成"琢红玉",害得后世多少人去拼命寻找定窑"红瓷"。大诗人苏东坡岂能写出有语法错误的诗句?)。金代太学士刘祁在《归潜志》中也发出"定窑花瓷瓯,颜色天下白"的赞叹。

定窑白瓷不仅在民间受到热捧,也早已受到朝廷的关注,进入宫廷成为御用之器。从五代末到北宋时期墓葬出土的定窑白瓷中,发现器物底部刻有与宫廷相关的铭文如"官""新官""尚食局"等有 15 种之多。

刻花莲瓣纹 碗

24

北宋（公元 11–12 世纪）
定窑
大英博物馆藏

■ 这只碗的外壁用刻花技法刻出莲瓣纹，又用篦划技法划出花脉条纹。"刻花"是指用刀在生胎上雕刻有一点立体效果的纹饰技法，"篦划"是用类似梳篦的工具在生胎上划出一组组平行条纹装饰的技法。

炻器 莲瓣碗

25

北宋
定窑
赛努奇博物馆藏

炻器 刻花螭龙和莲花纹 芒口包沿碗

26 北宋 (公元 11–12 世纪)
定窑
大英博物馆藏

炻器 刻花螺纹 芒口包沿碗

27 北宋 (公元 11–12 世纪)
定窑
大英博物馆藏

（图43）。由此可见定窑白瓷从五代末年起已成为皇室的宠爱之物。宋代"大百科"《宋会要》记载："磁（瓷）器库在建隆坊，掌受明、越、饶州、定州、青州白磁器……"这段文字表明定窑白瓷入宫已被正式载入史册。

六、"刮"不停的仿造之风

古人是没有专利权意识的，只要什么好卖，大家都去仿制。定窑原指曲阳的涧磁村、东西燕山村一带的窑口。和邢窑当初一样，定窑刚一走红，便立即招来四面八方的"模仿秀"。曲阳周边不用说了，连几百里外的漳河、汾河两岸，也都建起了一个个专烧"定窑白瓷"的窑口，后人只好把它们称为"定窑系"。这些窑口有河北的井陉窑、磁州窑、山下窑、龙泉务窑，山西的平定窑、介休窑、阳城窑、霍州窑（彭窑）、孟县窑等。这次的定窑被仿，其范围之大、年代之久，均让当年邢窑望尘莫及。从地域看，方圆几百里算是近的，远在四川盆地最西边的彭县窑，淮河以北的宿州窑、泗州窑，长江以南的繁昌窑、景德镇窑、吉州窑等，也都加入到"仿定"队伍里面来。宿州窑仿定几可乱真，当时的景德镇窑索性被称作"南定"。以年代看，从北宋、南宋、元、明、清，民国直到当代，仿定窑瓷器就从来没有停止过。明代洪武二十年（公元1388）刊出的曹昭著《古格要论》称："古磁（瓷）器，出河南（今河北）彰德府磁州。好者与定器相类，但无泪痕，亦有划花、绣花、素者，价高于定器。"可见明代著作还在记载磁州窑仿定的事实。本书有一件英国维多利亚和阿尔伯特博物馆收藏的景德镇窑"清三代"时期的笔洗，标明是仿定窑的（图99）。此时的景德镇窑已是独步天下的一代瓷都，尚且生产仿定产品，可见定窑白瓷在中国瓷器史上巨大和深远的影响。

在这些大大小小的"北定""南定""土定""新定"中，尽管仿不出定瓷成熟期的三大特征——象牙白釉（定窑烧火用料改柴为煤，烧出的釉色白中闪黄，被称为"象牙白"）、"泪痕"（定窑在施一种弱碱性、流动性较大的薄釉时遇冷凝滞的泪釉现象）和竹丝刷痕（透过薄釉可见胎壁上细密的镟纹），但也不乏能烧造出瓷器质量上乘并有一两套绝招的窑口，正是这些窑口，和定窑一起共同创造了北宋时期光彩照人的白瓷世界。

模仿也不一定都是坏事。张大千年轻时曾以临摹古画谋生，后来成为中国近现代绘画艺术大师。如果没有当年定窑对邢窑的仿制，也不会有日后定窑的巨大辉煌，"南定"景德镇窑也正是踏着定窑成长之路走向元、明、清三代瓷器事业的巅峰。

七、光彩永照的定窑白瓷

北宋末年，哲宗皇帝对定瓷突然厌倦，命在汝州设官窑以烧造青瓷。南宋顾文荐在《负暄杂录》中记道："本朝以定窑白瓷有芒，不堪用，遂命汝州造青窑瓷。"在现藏于台北"故宫博物院"的一只纸槌瓶上，清代乾隆皇帝刻了一首诗，其中有"定州白恶有芒形，特命汝州陶嫩青"句。有人认为"芒"是指定瓷的"芒口"，也有人说是指定瓷釉色过亮。不管怎样，定瓷北宋末年在宫中遭贬，汝窑被正式"册封"为御窑已是无可争辩的事实。汝窑虽然只存在短短的 20 年，但那可爱的"青如天，面如玉，蝉翼纹，晨星稀，芝麻之钉釉满足"让汝瓷在宫中出尽风头，也着着实实地敲了定瓷一"棍子"，让定窑元气大伤。

北宋是个被北方诸多少数民族不断侵扰的朝代，定窑地处北宋最北疆，每次战乱都在劫难逃。在腥风血雨的战乱年代，百姓死伤逃散的不用说，留下来的也是衣食无定。"时复布帛大贵，细民无力易之，坐困于家，无敢出焉"。普通百姓连生活必需的粮食布帛都买不起，哪有闲钱去买定窑那些名贵精致的玩意儿？金朝管辖下的定窑，皇统议和之后虽受到扶持，恢复了白瓷烧制，但市场只剩下购买力低下的北方一半。为了

炻器 杯和杯托

28 北宋（公元 10 世纪）
定窑和邢窑
大英博物馆藏

■ 这套茶具不论从胎质、釉色及做工夹看都像是一个窑的产品，其实不是，杯子是定窑的，而杯托是邢窑的。那么到底谁在仿谁？如果时光倒退一个世纪，我们可能说定窑在仿邢窑，可这套茶具是北宋初年的，此时的定窑如日中天，而邢窑早已失去昔日的光辉，正在靠仿定苟延残喘，答案已经出来了。

炻器 划花莲花纹 芒口包沿盘

29 北宋
定窑
吉美博物馆藏

■ "划花"是定窑白瓷的主要装饰形式之一。明代曹昭《格古要论》中写道："古定器，俱出北直隶定州。土脉细、色白而滋润者贵，质粗而黄者价低。外有泪痕者是真，划花者最佳，素者也好，绣花（即刻瓷，用金属利器在出窑瓷器上刻花，有别于在生胎上的刻花工艺）者次之。"

维持生计，不得已，定窑只好放下"名窑"的架子，去烧制一些粗制滥造的日用瓷器。定窑南逃的窑工，聚集到了江南的景德镇窑，参与到红红火火地烧造"南定"的生产中。景德镇窑创烧出的青白瓷，为白瓷又平添了几分妩媚，十分符合"西湖歌舞几时休"的南宋官僚们的胃口，南宋统治地区的白瓷市场几乎全部被景德镇窑占据。

南宋末年北方的蒙古族强盛起来，于公元1234年灭了金，接着又于1279年灭了南宋。战乱下的中原大地一片腥风血雨，已是苟延残喘的定窑再也经受不住这一次伤筋动骨的打击，于元朝初年寿终正寝，定窑白瓷的辉煌也就此画上了一个句号。但是，如花似玉的定窑白瓷永远被人们喜爱。定窑白瓷在此后的六七百年里不停地被陶瓷界模仿，是不是多少也包含着人们对定窑白瓷深深地怀念呢？

**炻器 印花花卉纹
芒口包沿折沿葵瓣盘**

30

北宋
定窑
大卫基金会藏

■ 定窑在北宋初期开始在白瓷器物上进行划花装饰，又于北宋中期着手把金银器模造技术与当地著名的缂丝图案结合起来，开发白瓷印花装饰的新路。这种尝试为定窑白瓷装饰艺术形式的多样性和定窑自我形象的塑造方面起到了锦上添花的作用。到了北宋晚期，定窑白瓷的印花技艺已经十分纯熟。

炻器 刻花莲纹 芒口包沿折沿盏托

31

北宋
定窑
大卫基金会藏

**炻器 印花庭院人物纹
芒口包沿盘**

32

宋（公元 1050－1234）
定窑
大卫基金会藏

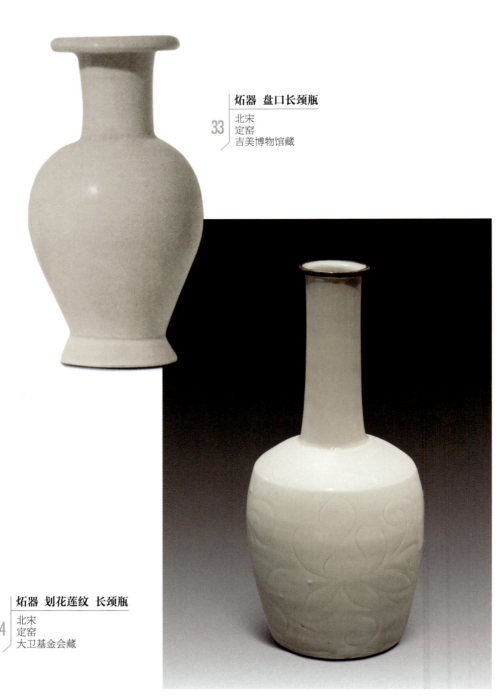

炻器 盘口长颈瓶

33 北宋
定窑
吉美博物馆藏

炻器 划花莲纹 长颈瓶

34 北宋
定窑
大卫基金会藏

炻器 划花牡丹纹 梅瓶

36 北宋
定窑
大卫基金会藏

炻器 长颈瓶

35 北宋（公元 11–12 世纪）
定窑
大英博物馆藏

■ 这种瓶的瓶颈又细又长，溜肩，瓶腹由粗变细，自然圆滑地过渡到细细的瓶颈，不像一般长颈瓶制作时是将事先做好的细颈直接插入瓶腹，所以制作起来非常困难。这样器型的瓷瓶目前非常少见。

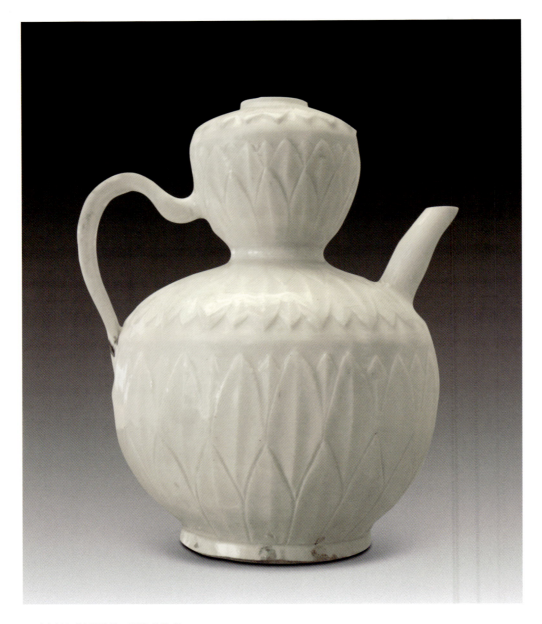

炻器 刻莲瓣纹 葫芦形执壶

北宋（公元11−12世纪）　■ 这种壶曾有底部刻"官"字的，可见这种壶也是宫廷指定产品。
定窑
大英博物馆藏

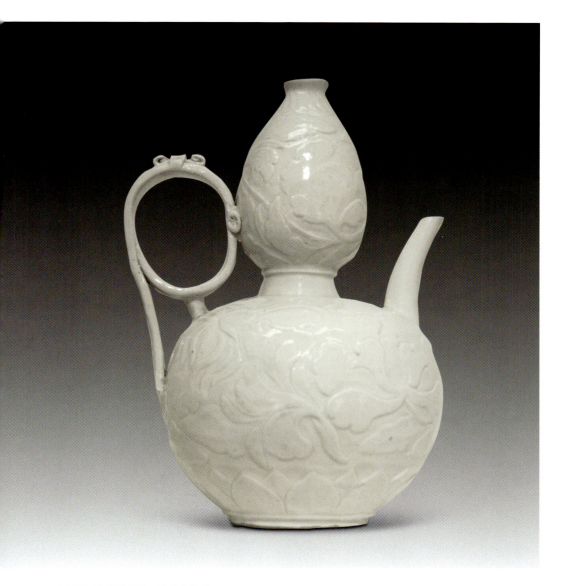

炻器 剔花牡丹纹 葫芦形注壶

北宋
定窑
吉美博物馆藏

■ 这是一尊写实葫芦形注壶（也叫执壶），壶壁雕刻的花纹线条流畅、缠绵有力，壶柄和流都十分精致、考究，一看即非民用。这确是专为皇宫或官府订制的，而且是当时的标准形制。图 37 中已说过，这类壶底曾见有"官"字。为什么皇家会如此看重这民间极为普通的葫芦？因为远古时候，葫芦是人类主要食物和用具。6800 年前的河姆渡遗址就曾出土过葫芦遗骸，《诗经·绵》中有"绵绵瓜瓞，民之初生"的诗句，以瓜瓞（大瓜小瓜）的绵延丰实来比喻周朝百姓的富裕幸福，这里"瓜"即指葫芦。在陶器出现之前的旧石器时代，葫芦曾是人类取水、贮水的主要器物。

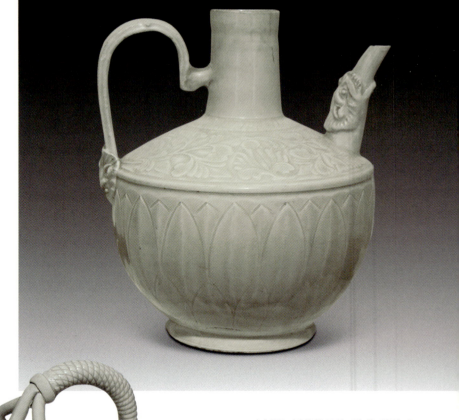

炻器 刻花牡丹纹 贴花 流注壶
39 北宋
定窑
吉美博物馆藏

炻器 三叶提梁壶
40 北宋（公元 1000–1100）
定窑
V&A 博物馆藏

炻器 划花 芒口包沿钵

41

北宋
定窑
吉美博物馆藏

■ 定窑白瓷在五代之前素面无
纹，北宋初学习唐末五代越窑
划花技术，开始运用到白瓷制
作之中。划花是用一种尖硬之
器在釉前生胎上刻画，线条要
肯定而流畅，不可犹豫，不能
画错，要求艺人技术娴熟、胸
有成竹。

炻器 划花缠枝纹 芒口包沿盆

42

北宋（公元 1086–1127）
定窑
大卫基金会藏

炻器 小罐

43

北宋
定窑
大英博物馆藏

■ 从五代末到宋代初墓葬和窖藏出土的瓷器中，刻着宫廷铭文的有80件。内容有"官""新官""尚食局""尚药局"等8种，还有一部分内容与宫廷建筑有关，如"奉华""慈福""禁苑""德寿"等7种。有的是受命在烧制之前就刻在生胎上的，有的是瓷器入宫后由宫廷玉匠琢刻上的。

■ 这只小罐底部刻有"官"字，应是该罐入宫后由玉匠琢刻而成的。

炻器 莲瓣罐

44

北宋
定窑
赛努奇博物馆藏

炻器 龟

45

北宋（公元 1000–1100）
定窑
V&A 博物馆藏

■ 这种没有任何功用的白
瓷摆件在宋代以前的北方
比较少见。

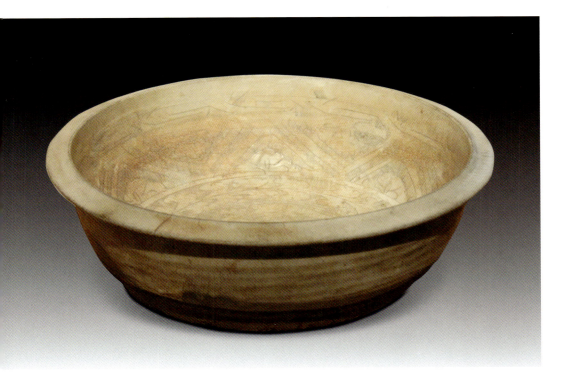

炻器 刻花牡丹纹 洗

46

北宋
磁州窑
吉美博物馆藏

■ 磁州窑是中国古代北方较大的民窑，位于河北邯郸磁县的观台镇与彭城镇一带，宋属磁州，故名。北宋中期创烧，北宋末即达鼎盛，此后一直延续烧至清代，是烧造历史比较长久的一个窑口。以生产白釉黑彩著称于世，描绘题材有图案、人物、花鸟等，富有浓厚的民间情调、装饰趣味和地方风格。这种以黑彩在白瓷胎上绘画的形式为元以后景德镇窑青花、彩绘的开拓与发展奠定了基础。

炻器 贴花牡丹花瓣 罐

47 北宋（1100–1150）
磁州窑
V&A 博物馆藏

■ 这只罐子的制作工艺比较复杂，罐壁五层花瓣是一朵一朵贴上去的，自下而上由大渐小，可见制作十分讲究。

■ 磁州窑开始也是生产一些仿定器，但它并没有像北方许多窑口那样一直依赖仿制生存，而是很快就开发出完全具有自身特色的产品，闯出一片新天地。这只北宋晚期造型独特、存世稀少的花罐，就是磁州窑开始崛起的一个信号。本系列《单彩瓷 五彩瓷》书中，对磁州窑进行了详细介绍。

青白 透花盖熏香炉

48 北宋（公元 11–12 世纪）
江西或福建窑
大英博物馆藏

八角杯

49 北宋末
南方窑
吉美博物馆藏

青白 尊形瓶（两只）

50 北宋末
南方窑
吉美博物馆藏

■ 福建德化窑有类似器物遗存。

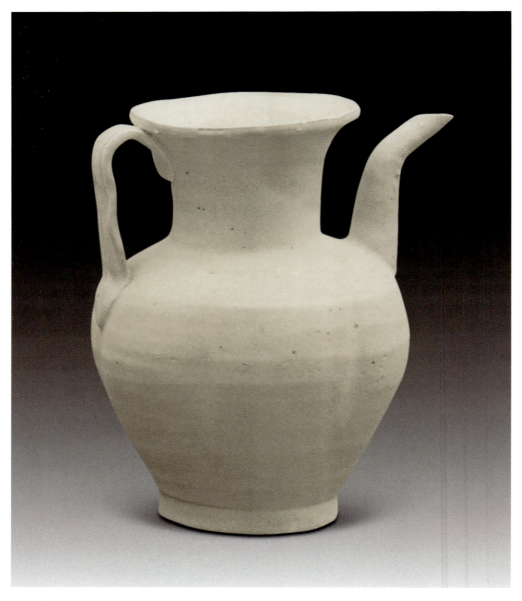

尊形执壶

51　北宋末
　　南方窑
　　吉美博物馆藏

八、不可忽视的辽白瓷

　　宋代同时期有两个少数民族政权——辽和金，他们生产的白瓷在瓷器历史上也有着十分特殊的地位。

　　受当年邢窑影响，五代时辽就建了不少窑场烧造瓷器，但生产出来的器物胎质和釉色都比较粗糙。辽与北宋并立165年，打打和和，和好的时候，相互贸易频繁。北宋分别在镇、易、雄、霸、沧五州设立榷场（交易所）与辽进行商业、手工业贸易。定窑正处于北宋和辽交界之地——易州榷场附近，边界贸易使定窑白瓷大量入辽。辽人见了晶莹玉润的定窑白瓷如获至宝，爱不释手，官方贸易和走私进来的定窑白瓷并不能满足他们的需求，于是契丹人就犯了老毛病，动手来抢。不光抢瓷器，连窑都想抢。"老宋家"也不好惹，再把契丹人赶回去。宋辽边界就这么划过来、划过去，仅一个定窑就曾五易其手。抢不走窑，辽人就掳走大批定窑瓷工，去改进自己的烧窑技术和制瓷工艺水平，大量烧造仿定瓷器。他们也进行了一些技术改造和品种翻新，在定窑器型的基础上，增加了仿皮具、木器、金属器具的造型和契丹民族常用的图案纹饰，如鸡冠壶（图55）、扳耳壶、盘口长颈瓶（图58）、盘口穿带瓶、盘口注壶、鸡腿坛、净瓶、方碟等。其中鸡冠壶是根据契丹人皮囊壶的造型改造而成，方碟则是契丹人过去所用的木碟造型。他们把定窑的碗加深了腹部，加厚了圈足，以符合辽人的饮食需要和审美追求。辽在自己境内五京均开设了窑场——中京北部的赤峰瓦缸窑，上京林东的上京窑、南山窑、白音郭勒窑，东京辽阳的江官屯窑，西京的大同窑，南京（今北京）的龙泉务窑等。也着实烧了一些好瓷，有些白瓷与定瓷相差无几。这种既有中原传承又有辽代特色的白瓷被后人称作"辽白瓷"，与"辽三彩"一起载入了中国陶瓷史册。（辽三彩在本系列《彩陶 唐三彩》一书中加以介绍）

九、承前启后的金代白瓷

　　南宋时期，金朝的疆界划到了淮河。地处黄河以北的定窑以及黄河
沿岸诸多名窑自然都归了金。开国之前，女真人是没有瓷器的，日常生
活用具多以木器为主。建国初期的金，在瓷器生产上仍然没有什么起色。
靖康之变前后，金南侵北宋，一路烧杀抢掠，黄河上下"井邑萧然，无
复烟爨，尸骸之属，不可胜数"。各处窑工非死即逃。金虽拥有了众多窑
口，却是一座座"寒窑"。金熙宗、世宗与南宋
议和之后，战火渐息。发仓粟，赐币帛，赈贫乏，
惩贪腐，重新启用北宋降臣等一系列的改革使
北方社会秩序开始稳定，经济逐渐恢复。政府
采用奖励办法招募四处逃散的窑工，定、钧、
磁、耀几大名窑相继重燃窑火。白土镇出土的
一件萧窑瓷瓶上刻有 35 个字，其中"时皇统元
年三月二十二日（公元 1141）"说明，最晚在金
熙宗继位第五个年头，萧窑即已开始恢复产瓷。
1985 年吉林农安一处金代窖藏出土了 37 件白
釉瓷器，从其细白的胎质、晶润的釉色以及泪

童子诵经壶

52-2　辽 定窑
北京顺义辽代净光寺
舍利塔基出土
中国首都博物馆藏

炻器 老者骑龙壶

52-1
辽（公元 10–11 世纪）
东北窑
大英博物馆藏

■ 这只壶十分奇特，是一尊老者骑龙像。老者塑造得较写实，而龙则比较概括、象征。老者胸部的壶流象征龙头，背部壶柄象征龙尾。辽代类似这种人像壶还有一尊，名《童子诵经壶》，童子胸部的经书为壶流（图52–2）。

痕和芒口等特征可以断定是定窑白瓷。北京海淀区南辛庄金墓中也出土
了一批白瓷，有碗、盘、盆、盒、罐、注子等器物，其胎壁之薄、釉色之
透，甚至超过北宋时期一般白瓷，说明北宋定窑及定窑系的北京龙泉务
窑金代仍在烧造。在河南等地的金代出土中，也都发现了大量北方白瓷。
和辽代一样，在保留中原北方瓷器先进的烧造技术和传统式样的基础上，
金人将器型和纹饰稍加改造，结合了女真人本民族的生活习惯和审美特
点，生产出了质量优良并富有金代特征的白瓷。金代白瓷是北宋白瓷烧
制的恢复和延续，对元之后以景德镇窑
为代表的南方白瓷新一轮的辉煌起到了承
前启后的重要作用。

　　金代东北地区也有不少窑口，其中以
抚顺的大官屯窑规模最大，以烧制黑釉
瓷为主。河北的磁州窑自从北宋中期向
定窑学习制瓷以来，到金代技术已十分成
熟，其白釉黑花别具一格，名噪南北，并
有了自己的磁窑系，也受到众窑的仿制。
这些我们在本系列《颜色釉瓷》和《单彩
瓷 五彩瓷》书中作了详细介绍。

大狮形执柄壶

53 辽（公元 10 世纪）
定窑风格 北方窑
大英博物馆藏

炻器 带翅人鱼壶

54 辽（公元 10–11 世纪）
东北窑
大英博物馆藏

■ "美人鱼"是安徒生童话故事中的形象，而这只壶要比安徒生的年代早出七八百年，显然不是受那个故事的影响。中国古代确有人鱼的传说，《山海经》就有"鲛人泣泪变珠"的故事，"鲛人"即人鱼。《述异记》(传南齐祖冲之作）中有进一步描述："南海中有鲛人室，人居如鱼，不废机织。其眼能泣则出珠。"这也是一段美丽动人的描述，可惜很少见到人鱼题材的工艺品传世。这只人首、人臂、鱼身、鸟翼的壶实属罕见之物。作者很可能把人鱼的传说与佛教造像中的飞天结合起来，寄托一份美好的情感。

炻器 鸡冠壶

55 辽（公元 10–11 世纪）
东北窑
大英博物馆藏

■ 契丹是一个马背上的民族，喝酒或饮水用的器具是挂在马背上的皮囊。有了瓷器以后，辽人仿照皮囊壶制成这种鸡冠壶。扁平的腹部和安置在壶上方的提梁便于挂在马背上或腰间，垂直向上的流口可防止颠簸时酒或水溢出，壶壁上牡丹纹划花象征着吉祥富贵。

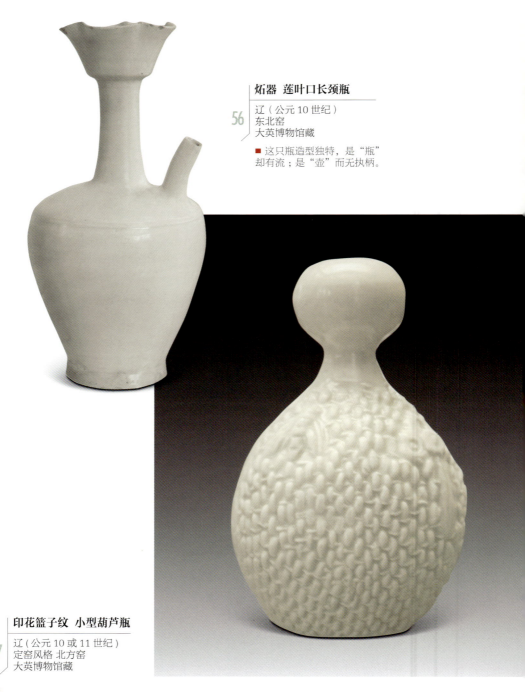

炻器 莲叶口长颈瓶

56　辽（公元 10 世纪）
东北窑
大英博物馆藏

■ 这只瓶造型独特，是"瓶"
却有流；是"壶"而无执柄。

印花篮子纹 小型葫芦瓶

57　辽（公元 10 或 11 世纪）
定窑风格 北方窑
大英博物馆藏

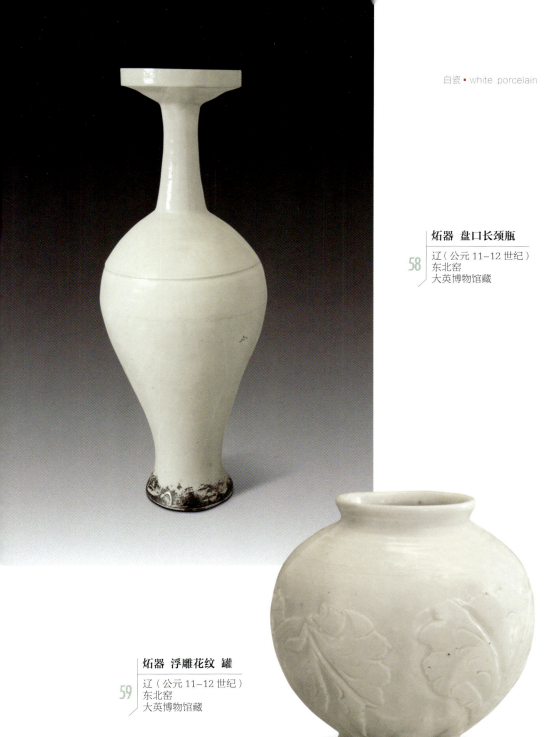

炻器 盘口长颈瓶

58 辽（公元 11–12 世纪）
东北窑
大英博物馆藏

炻器 浮雕花纹 罐

59 辽（公元 11–12 世纪）
东北窑
大英博物馆藏

炻器 熏炉

60 金（公元 1115–1234）
霍州窑
V&A 博物馆藏

■ 霍州窑也叫霍窑、陈村窑、西窑、彭窑，位于山西霍州陈村，汾河西岸。金代创烧，盛于元、明，衰于清。以烧造白瓷为主，兼烧黑釉瓷。明代曹昭《格古要论》记述："霍器出山西平阳府霍州……元朝戗金匠彭均宝效古定器，制折腰样者甚整齐，故名曰彭窑。土脉细白者与定器相似，唯欠滋润，极脆，不甚值钱，卖古董者称为新定器，好事者以重价购之……"霍窑白瓷分粗细两大类，细白瓷胎薄体轻，小巧玲珑，虽仿定，却不用覆烧，因此"凡口皆滑"。

炻器 划花 花口盘

61 金
定窑
大英博物馆藏

46

炻器 印花鸳鸯纹
芒口包沿菊花式盘

62 金
定窑
吉美博物馆藏

炻器 印花牡丹纹
芒口包沿盘

63 金或元
定窑系
吉美博物馆藏

十、瓷都景德镇

景德镇窑位于皖赣浙三省交界的江西东北部的昌江南岸，古时候这里曾叫"新平"，又叫"昌南"。景德镇窑始烧于何时目前说法不一：有东晋末年说、南朝说、唐武德年间说。乾隆四十八年（公元 1783）《浮梁县志》："新平冶陶，始于汉世。"这是汉代说。主张"东晋说"的还有一个故事，据说东晋时期一个曾在浙江、福建、江西一带做官的赵概遭贬后隐居新平，将为官期间所了解的越窑烧瓷技术传授给了当地人，自此新平（景德镇）造瓷业由小到大不断发展，赵概也被后人奉为景德镇窑造瓷鼻祖（当地人称"师主"）。

从对古代窑址的挖掘结果来看，目前景德镇已出土的杨梅亭、石虎湾、黄泥头等几个古代烧窑遗址均属于五代时期。当时主要生产青瓷和白瓷，其中杨梅亭是专门烧造白瓷的窑口。那个时期的青瓷釉色有些发灰，但白瓷烧得还比较白。不过在制作工艺、装饰和器型等方面，基本上还处在模仿阶段，重点是模仿北方定窑。这时的定窑各方面工艺已非常成熟，景德镇窑学习定窑是学对了，所谓"师上上者得乎其上"，这对其日后的迅速崛起奠定了十分雄厚的基础。

当时大江南北模仿定窑的窑口不计其数，为什么唯独景德镇窑脱颖而出？自元代崛起之后，六七百年以来就再没有其他窑口可与其比肩，因而，景德镇的瓷器被称作"国瓷"，景德镇也被称作"瓷都"。研究中国瓷器史，元代以前要按窑口来看，而明代以后只要分年段品品种即可，因为研究的主体基本是景德镇窑。

景德镇窑的成功应该说具备了"天时地利人和"全部条件。

先看一下景德镇的地理条件。景德镇东北是黄山，东南是武夷山，西北是长江，西南是鄱阳湖，处于青山碧水怀抱之中。亚热带的温湿气候，阳光充足，雨量丰沛，使得东部山地林木繁茂，为烧窑提供了取之

青白 花瓣形盘

64　北宋（公元 11–12 世纪）
景德镇窑
大英博物馆藏

青白 菊瓣形碗

65　北宋（公元 11–12 世纪）
景德镇窑
大英博物馆藏

■ 这些瓷盘、瓷碗薄如
蝉翼，做工精湛绝伦。

青白　酒杯和杯托

66　北宋（公元 11–12 世纪）
景德镇窑
大英博物馆藏

青白　瓜楞长颈瓶

67　北宋（公元 11–12 世纪）
景德镇窑
大英博物馆藏

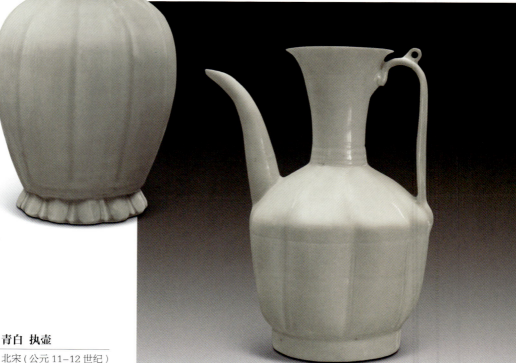

青白　执壶

68　北宋（公元 11–12 世纪）
景德镇窑
大英博物馆藏

不尽的松柴。昌江穿镇而过，流入连接长江的鄱阳湖，为原材料和产品的运输构成了一条便捷的水上运输线。瓷土资源丰富，出产优质高岭土的高岭村距景德镇只有45公里，这些是优越的自然环境。北部盛产"文房四宝"的徽州地区和东部文人荟萃的钱塘地区又为景德镇瓷装饰和器型的高雅设计提供了难得的人文环境。

再看一下天时。其实北宋时期景德镇的瓷器质量已经很不错了，真宗赵恒慧眼独具，喜欢上了景德镇白瓷，于景德元年（公元1004）将年号赐给了当时的昌南，从此便有了"景德镇"这么个地名。中国历史上以年号为地名的一共只有9个，如唐代宗宝应元年（公元762）将江苏安宜县改为宝应县，宋高宗绍兴元年（公元1131）将浙江越州升格为绍兴府等。皇上亲赐年号为地名应该说是一种很高的荣誉，景德镇本应一举成名，怎奈当时名窑林立，景德镇的产品还超越不了它们，所以只获得一个略带贬义的"南定"头衔。到了南宋，转机来了。北宋时期鲜卑、契丹等少数民族频繁南侵，战场都在北方，女真人掠走徽钦二宗，把宋朝的疆界推到淮河以南，战火也燃烧在北方。当元军横扫中原之后，元气大伤的定窑再也支撑不下去了，其他一些北方窑场也都摇摇欲坠。偏居一隅的景德镇躲过了接连不断的战火洗劫，反而接纳了身怀造瓷绝技南逃的北方窑工，"匠从八方来，器成天下走"就是这种情景的描述。南宋迁都杭州，使原本"天高皇帝远"的景德镇变得与京城近在咫尺，可随时感受"浩荡皇恩"。元朝建立以后把陶瓷业的恢复和发展重点也放在南方，这为景德镇窑的全面崛起又带来了大好机遇。

人和。这里我们可以理解为景德镇人善于审时度势、把握机遇、总结教训、虚心学习、精益求精、开拓创新。这些现代人常用的新名词，那个时候的景德镇人都做到了。

十一、不断开拓创新

　　景德镇窑不断地开拓创新是其成功的重要因素之一。

　　"青白瓷"是景德镇窑对白瓷釉色的第一次重要突破。瓷工在制作中充分利用釉色在高温下流动的特性，并在釉料中适量增加氧化钙的含量。这样，器物突起处因釉薄而透出胎体白色，而低洼积釉处则现出淡而透明的青绿色，形成了色泽白中闪青，青中泛白，高洁淡雅，润泽如玉的特点，人们称之为"青白瓷"，又叫"影青瓷"。青白瓷自北宋开始试制，南宋中后期已十分成熟，成为景德镇白瓷的一个标志性特征。此时的景德镇白瓷已达到了"白如玉、明如镜、薄如纸、声如磬"的极高境界，加之吸取了定窑刻花、划花、印花等精湛的装饰技艺及"覆烧"等先进的烧制方法，丰富了品种，提高了产量，使之天下咸称、南北风靡。

　　元代是景德镇发展史上的一个重要转折时期。元政府在景德镇专门设置了"浮梁瓷局"督烧瓷器，官府一些权力部门也到景德镇专门定做瓷器，影响最大的是枢密院。枢密院是朝廷的一个机要部门，五代即有设置，元时是掌管军事机密、边防和宫廷禁卫方面的重要机构。枢密院的"宠幸"岂敢怠慢，为此，景德镇窑特意精心设计了一种"卵白釉"瓷器以示忠心，因而也被称为"枢府釉"瓷。枢府釉瓷多为"折腰"碗、高足碗及盘子等器型，釉料中减少了氧化钙的含量而增加了氧化钠，釉色乳白泛青，似鸭蛋皮色，"卵白釉"之称即由此而来。卵白釉瓷器内壁满印云龙、缠枝、团花花纹，因釉料较厚且呈乳浊状，施釉后花纹显得有些模糊不清，不如青白瓷印花纹来的明晰清爽，但这却形成一种朦胧、含蓄之美，成了景德镇白瓷的又一新的釉色特征。卵白釉易于黏着，烧成范围宽，元中期以后景德镇窑大量烧制，除了部分供奉枢密院外，其余流入民间。呈送枢密院的卵白釉器上印有"枢府""太禧""东卫"等款（图83A、图83B），而大量进入民间的则无款。

青白 注壶及注碗

69

北宋（公元 11-12 世纪）
景德镇窑
大英博物馆藏

■ 里层是注壶，折肩，高柄，曲流，柄、流均置于肩上部，等高，垂瓣兽纽壶盖，元代以前多为酒壶。外层为深腹莲瓣注碗，温酒用。

青白 带盖葫芦形酒壶

70

宋（公元 11-12 世纪）
景德镇窑
大英博物馆藏

■ 用葫芦作壶多用来装酒，已成民俗。以后有了金属，还有人用铜、锡，甚至用银打造成葫芦形壶，有了瓷器，又做成葫芦形瓷壶。

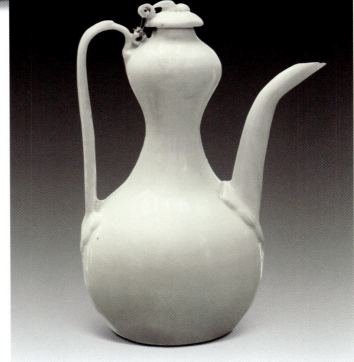

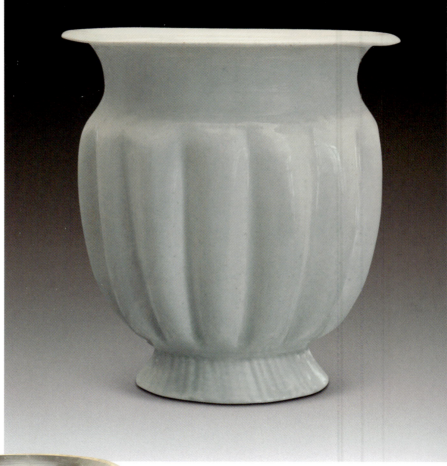

青白 瓜棱罐

71 -1

北宋（公元 11–12 世纪）
景德镇窑
大英博物馆藏

■ 中国传统罐多为直口或
卷沿，平底。而这里是折
口宽沿、喇叭底，显然是
受波斯器具造型影响而加
以改造，云掉双耳，饰以
瓜棱，属中西合璧器型。

彩陶 画瓶

71 -2

希腊
古风时期（公元前 7–6 世纪）
大英博物馆藏

　　明代永乐年间，景德镇窑又开始进行白瓷釉色新品种的开拓。他们将釉料中的含铁量降到最低甚至于零，高温焙烧后的器物呈现出很白很白的釉色。由于胎体菲薄，小件器物胎体几乎薄到半脱胎的程度，在纯净洁白的釉色笼罩之下，釉面显得滋润肥厚、恬静柔和，"白如凝脂，素犹积雪"，给人一种"甜"的感觉，人们把它称为"甜白釉"。又因可在此釉上填色划彩，所以也叫"填白釉"。甜白釉常见器型有高足杯、小壶、碗、盘、梅瓶、玉春瓶、双耳瓶等。有的器物在薄胎上刻以暗花，似有似无，弥足珍贵。由于刻有暗花的甜白釉瓷器制作难度较大，所以传世较少。（图88、图89、图90）

　　除了甜白釉以外，景德镇窑还开发了一些其他品种的白瓷，比如"莲子碗"（图91）等。此后各个时期景德镇白瓷也都有不同特点，如永乐是"柔和甜润"，宣德则"光莹如玉"，嘉靖"纯净无杂"，万历"透亮明快"等。

　　由于某些原料的枯竭和配方的失传，景德镇窑许多品种在后世几百年间再也烧制不出当年那种叹为观止的优良品质来了。

　　景德镇窑的创新并不仅仅表现在白瓷方面，更大的成就还在青花、彩绘、彩釉等瓷器品种广泛而深刻的开拓上。自明代以后，景德镇窑便把主要精力放在了青花、五彩、斗彩、珐琅彩、粉彩、颜色釉瓷等方面，白瓷已逐渐不再属于景德镇窑的主打产品。

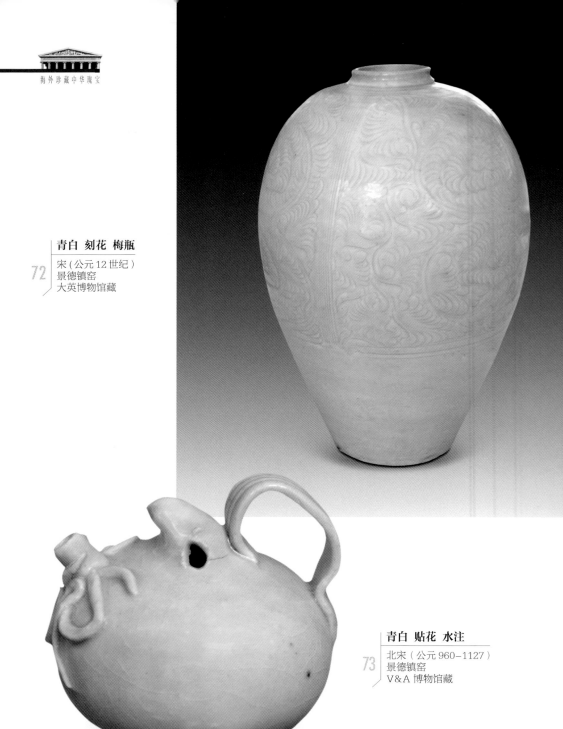

青白 刻花 梅瓶

72 宋（公元 12 世纪）
景德镇窑
大英博物馆藏

青白 贴花 水注

73 北宋（公元 960-1127）
景德镇窑
V&A 博物馆藏

青白 枕

74　宋（公元 1100–1200）
景德镇窑
V&A 博物馆藏

青白 粉盒

75　北宋（公元 960–1127）
景德镇窑
V&A 博物馆藏

青白 印花道教人物纹 盘

76-1

南宋
景德镇窑
赛努奇博物馆藏

■ 这只盘子与图 76-2 北宋定窑的造型一模一样，只是饰纹由花卉改为人物，说明作为"南定"的景德镇窑此时仍在烧制仿定瓷器。但釉色已使用了自己创烧的青白釉，而且醇厚滋润，做工也精细，饰纹高雅不俗。南宋的景德镇窑已初显实力。

白瓷 牡丹菊瓣纹 盘

76-2

北宋
定窑
中国收藏

炻器 青白 印花 芒口包沿碗

77　南宋
景德镇窑
吉美博物馆藏

■ 这只碗也是仿定器，"覆烧法"和"芒口包沿"都是定窑的传统技艺。

青白 划莲瓣纹 花口碗

78　南宋
景德镇窑
吉美博物馆藏

海外珍藏中华瑰宝

青白 凤头壶

79 南宋
景德镇窑
赛努奇博物馆藏

青白 刻花 盖盅

80 南宋
景德镇窑
吉美博物馆藏

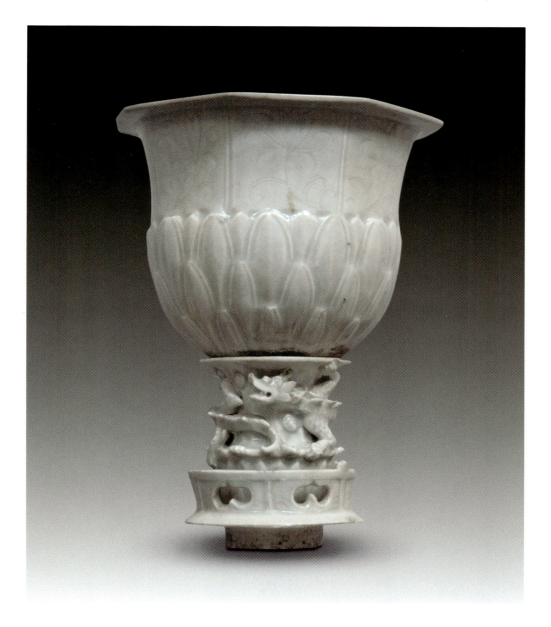

青白 龙座菊瓣纹 瓶

南宋（公元 1200–1279 ）　■ 这只瓶亦属中西合璧器型。
景德镇窑
V&A 博物馆藏

堆塑瓶（两件）

南宋末
江西窑
吉美博物馆藏

82

■ 该瓶瓶身修长，窄肩，下腹内敛，蒜头口，喇叭足，塔式盖，贴寿纹饰条，盖顶塑一飞鸟，瓶颈由下而上分层堆贴人俑、云龙。这种堆塑瓶是流行于宋元时期江南一带的明器，在墓葬中通常成对出现。瓶颈上所堆蒙蒙朦胧的人俑为西天仙佛，似云似火、似怪似兽的立体堆饰相互叠压，营造出扑朔迷离、神秘诡异的西天仙境，象征亡灵皈依之所，因此也叫"皈依瓶"或"魂瓶"；有的瓶颈堆贴龙虎或日月的也叫"龙虎瓶"或"日月瓶"。瓶内一般装有谷物，有时瓶上还刻有"东仓""西库"字样，因此这种瓶又叫"谷仓瓶"。

卵白 花卉印花纹 枢府盘

83A

元（公元 1330–1340）
景德镇窑
V&A 博物馆藏

■ 明代《格古要论》中写道："元朝烧小足印花者，内有'枢府'字者高。"这种有"枢府"铭文的卵白瓷器存世极为稀少。

**卵白 云龙印花纹
太禧盘**

83B

元（公元 1330–1340）
景德镇窑
V&A 博物馆藏

■ 这是一只印有云龙纹的枢府釉盘，盘底有"太禧"铭文，十分金贵。枢府釉瓷铭文除"枢府"外，还有"太禧""东卫"等字样，但都较少见。

63

卵白 印花龙纹 高脚碗

84 元（公元 14 世纪）
景德镇窑
大英博物馆藏

青白 方形龙纹 小盖罐

85 元（公元 1300–1350）
景德镇窑
V&A 博物馆藏

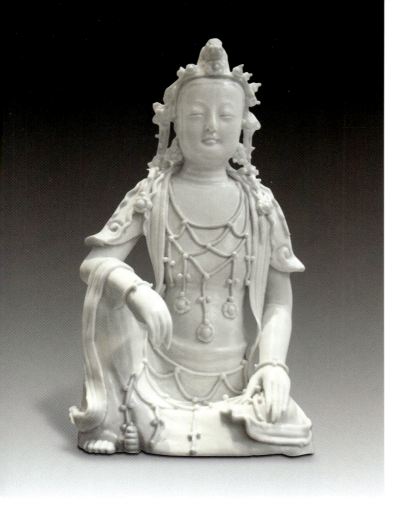

青白 观音坐像

86 元（公元 1300）
景德镇窑
V&A 博物馆藏

■ 瓷塑也是元代景德镇窑开发的新品种，有人物也有动物。

卵白 凤纹暗花 盘

87 元
景德镇窑
大英博物馆藏

甜白 双龙暗花 高脚碗

88 明 永乐
景德镇窑
大英博物馆藏

■ 甜白釉瓷是明永乐年间景德镇窑创烧的新釉瓷，有的器物在薄胎上刻以暗花，似有似无，弥足珍贵。由于刻有暗花的甜白釉瓷器制作难度较大，所以传世较少。

■ 这只碗胎体细薄得如同只剩下一层釉彩，光照呈半透明状，且有双龙暗花，实属难得。

甜白 梅瓶

89 明 永乐
景德镇窑
大卫基金会藏

■ 永乐皇帝对制瓷业的支持促成了一些迄今为止最精细并带有独特光泽的瓷器的产生。

■ 这只梅瓶在制作中增加了瓷土里高岭土的比例而减少了石灰岩的含量，所以甜白釉瓷可以承受比以往白瓷更高的温度。

甜白 刻花缠枝纹 僧帽壶

90

明 永乐
景德镇窑
大卫基金会藏

■ 这只壶束颈，鼓腹，圈足，曲柄，鸭嘴流，因口似僧帽故名"僧帽壶"。僧帽壶始烧于元代，明永乐甜白釉僧帽壶最为著名。永乐皇帝定制这个僧帽壶用来祭祀他已故的父母。

刻花 莲子碗

91

明 永乐
景德镇窑
大卫基金会藏

■ 这只碗被叫做"莲子碗"，是永乐年间的创新品种。这种造型和风格，在永乐和宣德年间被景德镇窑用来制作白瓷和釉下青花碗。

四耳罐

92 明 永乐
景德镇窑
大英博物馆藏

■ 这只罐短颈直口，丰肩，下腹内敛，平底无足，肩顶四系，是典型的中国传统罐的造型。

暗花莲纹 执壶

93 明 永乐
景德镇窑
吉美博物馆藏

■ 唐李匡义《资暇集》记道："元和初，酌酒犹用樽杓。……居无何，稍用注子，其形若罂，而盖、嘴、柄皆具。"说明盛唐以前人们还多用古代樽杓饮酒，直至中唐（元和）之后才开始流行用执壶盛酒，明清以后执壶多为茶具了。各个朝代的执壶造型都不太一样。

卵白 碗

94

明 宣德
景德镇官窑
大英博物馆藏

■ 明代历时 277 年，有帝王年号 17 个，但瓷器上有纪年款的只 11 个，分别为：洪武、永乐、宣德、成化、弘治、正德、嘉靖、隆庆、万历、天启、崇祯。宣德年间最多见的是"大明宣德年制"六字青花楷书款，也有"宣德年制"四字楷书款，款识外围常圈以单、双线框。款识位置一般多在器底，也有在器心、口沿、腹部、器肩的，故有"宣德款识遍器身"之说。宣德官窑款多由名家书写，笔法遒劲，浑厚有力，呈晋唐之风；而民窑款识则较为草率，形式随意。

■ 这只卵白釉碗内有"大明宣德年制"釉下青花年号款，楷书，字迹工整有力，应为官窑产品。

镂空堆花鸟兽纹 盖碗

95

明 天启
景德镇窑
V&A 博物馆藏

双龙手柄香炉

96-1
明（公元 1550–1640）
景德镇窑
V&A 博物馆藏

■ 这只香炉是仿照西周盛米用的青铜器"簋"的造型制作的。

青铜器 簋

96-2
西周
V&A 博物馆藏

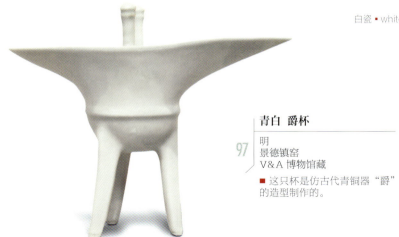

青白 爵杯

97

明
景德镇窑
V&A 博物馆藏

■ 这只杯是仿古代青铜器"爵"的造型制作的。

浮雕人物 玲珑碗

98

清 康熙
景德镇窑
吉美博物馆藏

■ "玲珑"在西方通常被翻译成"魔鬼作品"。这种瓷器是在制胎时即按事先设计好的图案剔刻成各种玲珑通花，再将同样胎泥雕成的人物、动物或花卉贴在适当位置，罩釉烧成后图案纹饰莹亮明透，立体动人，影色生香。明清时期景德镇窑将玲珑瓷器的烧制达到了极致。
■ 这只碗透花雕刻精细，浮雕人物生动自然，为存世精品。

仿定窑模制笔洗

99 清（公元 1680–1780 ）
景德镇窑
V&A 博物馆藏

■ 这件清早中期模制笔洗是仿六七百年前宋代定窑的产品，器底刻有乾隆皇帝赞扬古瓷清雅简约之风的"御诗"。一方面说明定窑白瓷影响深远，另一方面也反映了当时追慕古代艺术之风盛行。

印花 瓶

100 清
景德镇窑
大卫基金会藏

印花水纹 太白尊

102 清
景德镇窑
大卫基金会藏

沥线云纹 贴浮雕人物 钵

101 清
景德镇窑
大卫基金会藏

印花龙纹 圆盖盒

103　清
景德镇窑
大卫基金会藏

花果瓷塑

104　清
景德镇窑
大卫基金会藏

“月照芭蕉”瓷塑

105　清
　　景德镇窑
　　大卫基金会藏

十二、一个民窑的传奇

在东南沿海的一个山窝窝里，有个叫"德化窑"的民窑，既没有朝廷的恩宠，也没有模仿名窑的"学历"，硬是靠着自己产品器型的美感及胎体、釉色卓然超群的品质魅力赢得了世人的刮目相看。

德化窑位于福建"闽中屋脊"戴云山麓，四面环山，一条大樟溪从门前流过。乍看起来似乎谈不上有什么特殊优势，山上有窑场必备的燃柴和瓷土，有溪只是便于运输，如此而已。福建全境都是大山，而德化又处于群山包围之中，当时的交通，不要说到达中原，即便是到邻省的杭州也要经过万水千山。产品要在国内打开市场，首先运输就是一大难题，即便有心孝敬皇上也没那么方便。应该说德化窑的发展要比其他窑口更加困难一些。但是德化人充分发挥自己的智慧，善于化劣势为优势，不断发展壮大自己。

烧制优质瓷器所用高岭土的主要矿物成分一般要求二氧化硅占46.51%，三氧化二铝占39.54%，其熔度可达到1780℃（炉温在1350–1450℃左右才可烧成瓷器）。景德镇附近的高岭土基本符合这个要求。而德化附近的瓷土含二氧化硅73.01%，三氧化二铝13.65%，这种比例使其熔度达不到1780℃，很难烧造高档瓷器。然而德化瓷土中含少量钾、钠、钙的氢氧化物，这样可以降低瓷土的烧结温度，只需1200℃左右即可烧成瓷器，缺点是瓷胎易变形，不适宜烧制薄而大的物件。可是，德化瓷土中三氧化二铁的比例仅占0.14%–0.98%，有的甚至为零，远远低于烧制白瓷的比例要求（三氧化二铁应低于1%），同时还含有0.05%的二氧化钛（白色素）。这种土质不需要作任何处理，拿过来就可以烧造相当白的白瓷。要知道，在当时的科技条件下，要想降低瓷土中三氧化二铁的含量，需要非常复杂的工序。自从东汉出现原始白瓷以后，造瓷前辈们为了解决这一难题，整整花了500年的时间。

青白 刻莲瓣纹 龙柄壶

106

南宋
德化窑
吉美博物馆藏

■ 宋代是德化窑刚刚起步的时期。这只南宋的提梁壶的釉色和纹饰制作已显出德化窑的不凡身手。德化窑瓷器以外销为主，国内比较少见，尤其宋代的德化瓷在国内更是凤毛麟角。

青白 双螭穿环耳盘口瓶

107

元
德化窑
吉美博物馆藏

象首衔环耳尊瓶（白）

108-1

明（公元 1639）
德化窑
大卫基金会藏

■ 这是一只德化窑较有代表性的供瓶，瓶腹有用青褐色泥料写在釉面上的铭文"崇祯己卯十二年十二月立"，这是少有被专家肯定铭文纪年准确的德化窑瓷器之一。恰巧大卫中国艺术基金会藏有另一只与该瓶大小、造型一模一样（仅耳饰稍有不同）的五彩瓶，而且瓶底有同样年款（图 108-2）得以相互印证。

狮首衔环耳尊瓶（五彩）

108-2

明（公元 1639）
德化窑
大卫基金会藏

　　自然条件摆在了这里，有劣势也有优势。德化人扬长避短，为德化窑瓷器的发展确立了明确的目标：瓷土利于烧造白瓷就主攻白瓷，烧不了薄而大的物件，就以烧体厚的瓶、壶、炉、盒以及瓷塑为主。

十三、耀眼的"中国白"

　　德化窑工还将南方传统窄长的"龙窑"改造成宽而短的"阶级窑"，这样不仅便于控制炉温、提高产量，而且可将窑内还原焰改为氧化焰，烧出的釉色由冷白变为暖白。根据釉土成分及炉温的不同，烧出的釉色有象牙白、猪油白、葱根白、乳白、鹅绒白、孩儿红等多个品种，其中孩儿红最为难得。当年定窑也曾烧出过"象牙白"色的白瓷，但定瓷有开片而德化瓷没有，定瓷（基本为炻器）不透明，而德化瓷（基本为瓷器）透光度较高，迎光隔瓷可见指影。德化瓷胎骨坚实、釉水莹厚、光色如绢、柔润滑腻。

　　看惯了景德镇青白瓷的"冷艳"，德化窑象牙般高雅温馨的白瓷一亮相，立刻让人耳目一新，好评如潮。"后制者出德化，色甚白，而颇莹亮，亦名福窑……白者颇似定窑，唯无开片，佳者瓷质颇厚，而表里能映见指影。以白中闪红者为贵"（许之衡《饮流斋说瓷》）。"明以后福建德化所造的建窑，为天鹅绒之白色，即著名（称）于世之中国白瓷是也。其窑之特品为白瓷，昔日法（国）人呼之为'不兰克帝支那'，乃中国瓷器之上品也"（波西尔《中国美术》）。法国人称德化白瓷为"不兰克帝支那"，法文是 Blance de China，意为"中国白"。

　　德化瓷不仅显示出了釉色上的优势，而且也打出了器型上的品牌——陈设器和瓷塑。陈设器和瓷塑都是要求制作者必须具有一定的艺术造型能力，并非什么窑场、什么陶工都可以制作的。德化所在的泉州一带是著名的工艺美术之乡，当地的木雕、石雕、泥塑十分有名。这一带又是信奉佛教、道教风气甚为浓厚的地区。"南朝四百八十寺"，据美国学者Brian Nichols博士考证，其实，仅在明代，一个福建就有大小寺庙、道观5060座。大量的菩萨、神仙造像，寺庙及家家户户供奉器具，当地出名的红木家具，室内外建筑装饰等，造就了一大批雕刻方面的能工巧匠。宗教文化土壤的孕育和雕刻艺术氛围的熏陶，催生了德化一批精于雕刻的陶工，他们有的甚至出身于雕刻世家或本人就曾是雕刻艺人。他们的介入，使得德化窑的瓷塑制作简直达到了出神入化的地步。这批艺人有张寿山、陈伟、林朝景、林希宗、何朝宗、何朝春、许财源、苏蕴玉等，明清时期比较有名的大约有三十余位，其中艺术造诣最高的当数何朝宗。

何朝宗的身世目前还没有可靠的资料以供考证，但是他留下来的作品实在令人感动和钦佩。作为德化瓷塑一代宗师，何朝宗善于制作佛教和道教题材的作品，他塑造的人物形象生动传神、个性鲜明、朴素亲切、呼之欲出。本书收录了他的三种不同人物题材作品：关公，一副威武庄严、忧国忧民的表情，文官的袍子里裹着沉重的铠甲，坐在那儿宛如一座泰山，撼动不得（图111）。观世音，端庄沉静、慈悲善良，双目微垂，以观世间苦难悲情，作品形象取自民间村姑，消除了人神之间不可逾越的"鸿沟"，让人们相信观音就在你的面前，你随时可以向她倾诉你的祈愿（图115）。民间有两句赞美何朝宗瓷塑观音的诗句"除非大士离南海，何来观音现真身"。和合二仙，亦称"万回哥哥"，民间腊八所祀的神仙，据传祀之可使万里之外的亲人回家。何朝宗把这二仙衣衫褴褛、蓬头垢面、乐观豪爽、放浪不羁的形象塑造得淋漓尽致（图125）。何朝宗的瓷塑不仅造型生动，在衣纹处理上的简练流畅、"临风飘浮"也是无与伦比的。从何朝宗瓷塑作品中不仅看出其过人的艺术天赋，而且也可以看出其一丝不苟的严谨作风。据说何朝宗晚年花费了很大精力制作了一批瓷模，不料窑变使瓷模变了形，何朝宗懊丧之极，并因此投江而死。

除了何朝宗以外，其余三十多位著名瓷师的作品也很出色，基本也都

财神坐像

109　明（公元 1610）
德化窑
大英博物馆藏

■ 这尊财神像底座上刻有铭文：
"万历庚戌年春三月二十六日壬寅
未时制"（公元 1610 年 4 月 19 日
下午 1–3 时）。这是欧洲藏德化瓷
塑中被专家确认纪年款真实的三
件作品之一。

■ 德化瓷塑人物胡须有两种表现形
式，一种是直接塑造出来的，如图
111 关公的胡须；另一种是在嘴周
围开几个小孔，塞入马毛。这尊
像属于后者，但 300 多年过去了，
马毛早已无影无踪，只留下嘴边的
几个小孔。

象牙白　文昌帝君坐像

110　明（公元 17 世纪）
德化窑
大英博物馆藏

■ "文昌帝君"又称"文昌梓潼帝君"、
"文昌君"。《明史》礼志称："梓潼帝
君，姓张，名亚子，居蜀七曲山，仕
晋战殁，人为立庙祀之。"始于东晋。
南宋时，各地参加科举考试的学子将
其作为祈求自己考试顺利的神灵，并
与古代流传掌管文学的文昌星相混。
以后就有了"北孔子、南文昌"之说。

象牙白 关公坐像

111

清（公元 1665–1695 ）
德化窑
何朝宗 作
V&A 博物馆藏

■ 何朝宗是一代瓷塑大师，德化窑瓷师中的翘楚。清康熙时期人，大约工作于公元 1665–1695 年间。英国著名收藏家、德化白瓷研究专家 P·J·唐纳利先生对这尊瓷塑这样描述："这尊精美绝伦的塑像可能是我们见过的德化最好的塑像，在我看来是何朝宗的杰作，色完美无瑕，为任何瓷器所不及，是到维多利亚和阿尔伯特博物馆朝圣的必拜之物。"

是道释题材。

我们可以一口气叫出三十几位德化窑瓷师的名字，这还应当感谢皇上的"不恩宠"。瓷师们不受朝廷"钦限"，可以毫无顾忌地在自己的作品上署名、钤印，这在中国陶瓷史上还是少有的现象。他们不仅在作品上署名，有时为了满足购买者"讲排场"的心理，他们还常常随意刻上前朝瓷器最好年代的年号（称为"寄托款"）。不过，这给我们今天对他们的作品断代带来了很大麻烦。包括何朝宗在内的几位名师作品，一些国内外专家从中外历史文献的有关记载、有准确纪年作品的比对、镶嵌物、服饰、瓷器本身纹饰、造型特征、制作手法、工艺水平等多个方面进行判断，认为应该是清代康熙前后的，但其作品上明明刻着明代"弘治""成化"甚至"宣德"年号，加上一些收藏者宁可信其早，不愿信其晚，断代出现了分歧。随着考古工作的深入和研究者的努力，相信今后会有让人心服口服的证据来解决这个问题。

德化白瓷不仅瓷塑著名，装饰杯、香炉、供瓶和执壶等也是千姿百态、品种繁多，在装饰上除了印花外，还大量使用堆塑法堆贴各种瑞兽、花卉、博古图案，形成了德化瓷器的独特风格。

十四、风靡世界的德化白瓷

宋代福建的泉州港突然崛起，至元代一跃成为世界最大的贸易港口之一，世界各地的商船云集于此。差不多也就是这一时期德化窑开始起步，但不便的交通给销售带来莫大困扰。家门口泉州港的兴起让德化人有了一个大胆设想：走出国门，把产品销到海外去。说是家门口，德化到泉州一百多里山路，那时的道路状况使运输亦非易事。聪明的德化人这时又想到一山之隔的永春县门前有一条东江直通泉州。于是他们靠着自己的肩膀把瓷器挑到了35里外的东江码头。就这样，德化瓷器沿着这条路线销到了日本、东南亚、中东、非洲，并且受到了极大的欢迎。

明代起泉州港衰落了，德化窑又通过距泉州不远的新兴月港及尚有海外运输能力的老福州港，清代起通过厦门港，一直从事产品外销（在本系列《外销瓷》一书中，对德化外销白瓷进行了图文并茂的介绍）。明代中叶（公元 1498），葡萄牙航海家达·伽马绕过好望角，开辟了欧洲通往亚洲的航线。这个时期恰逢明朝解除"海禁"，于是，葡萄牙人顺着这条航线接连不断地到中国做生意。17 世纪初，英国、荷兰、法国、丹麦、瑞典等国家先后成立了各自的东印度公司，也开始奔赴东方进行贸易活动。明中期到清中期这段中国海外贸易活跃的时期，德化白瓷又源源不断地销往欧洲。让德化人最感骄傲的"中国白"的称号，就是这一时期由法国人叫起来的。

德化瓷器大量外销，国内尤其北方反倒遗存很少。像何朝宗的瓷塑，国内仅北京故宫博物院、台北"故宫博物院"、福建省博物馆、泉州市海交馆及上海、广州、重庆等博物馆有少量藏品，而欧洲有记录的就有两百余件。

如果说中国瓷器在世界各地为祖国争得了荣誉，那么，德化白瓷是功不可没的。

象牙白 渡海达摩

112
清（公元 1700–1750）
德化窑
大卫基金会藏

■ 该塑像上有"炎记"二字堂号款，是收藏家或商号的标记，而非瓷师署名。

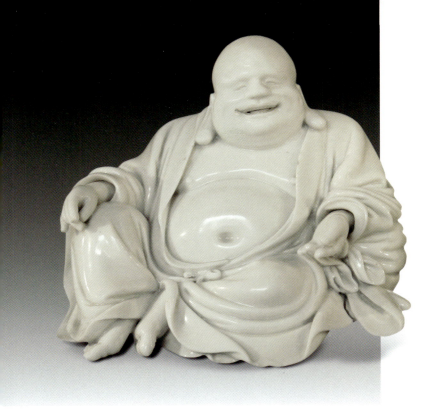

弥勒佛像

113　清（公元 1640–1740）
德化窑
大卫基金会藏

弥勒佛像

114　清（公元 1680–1710）
德化窑
何朝春 作
大英博物馆藏

■ 何朝春，何朝宗之弟，清
康熙时期人，大约工作于公
元 1665–1695 年间，他也
是一位造诣颇高的德化窑瓷
师。其作品小而精致，人物
造型俊美。

■ 这尊佛像背后有葫芦形
"何朝春"名款。

观音坐像

115

清

德化窑

何朝宗 作

大卫基金会藏

象牙白 鱼篮观音

116 清（公元 1665–1695）
德化窑
何朝宗 作
大卫基金会藏

象牙白 观音立像

117 清（公元 1665–1695）
德化窑
何朝宗 作
V&A 博物馆藏

送子观音像

118 清初（公元 1620–1720）
德化窑
V&A 博物馆藏

观音坐像

119 清（公元 1650–1700）
德化窑
大卫基金会藏

观音坐像

清（公元 1685–1715）
德化窑
雷峰人 作
大卫基金会藏

■ 塑像背后用手写"云山雷峰人记"六个大字。"雷峰人"是清
康熙时期瓷师的别号，他工作的时期大约在公元 1675–1725
年间。
■ 这种有辫子的观音造型比较独特。

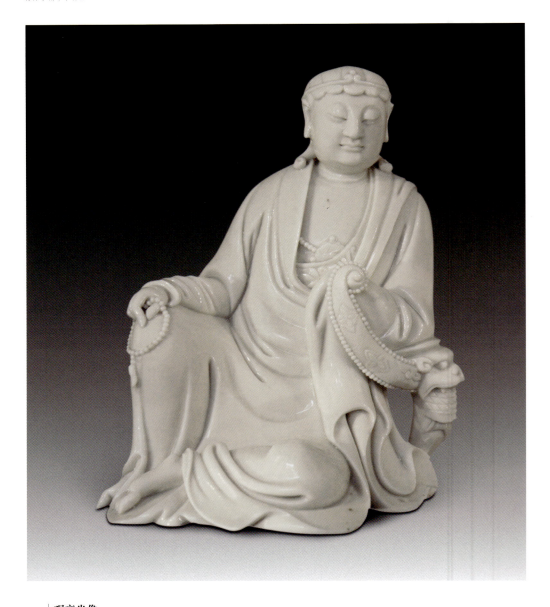

观音坐像

121

清（公元1650–1700）
德化窑
林朝景 作
大卫基金会藏

■ 这是一座发型独特、戴着头箍的观音。作者林朝景是清康熙时期瓷师，大约活跃于公元1670–1700年间。在福建"林"是大姓，所以德化窑林氏瓷师也较多，明清时期有记载的共有6位。

葱根白 罗汉像

122 清（公元 1660–1690）
德化窑
张寿山 作
大卫基金会藏

■ 张寿山与何朝宗为同一时期人，存世作品不多，本书收录 2 件，都十分精彩。德化窑瓷师中还有一位张氏，叫张翕，工作时期稍晚于张寿山。

立佛像

123 清（公元 1660–1690）
德化窑
张寿山 作
大卫基金会藏

象牙白 和合二仙

125 清（公元 1665－1695）
德化窑
何朝宗 作
大卫基金会藏

模制 释迦牟尼佛像

124 清（公元 1700－1750）
德化窑
大卫基金会藏

■ 本图释迦牟尼佛像双眼
微闭，嘴角上翘，仪态端
庄慈祥，衣褶简练概括，
形体舒展自如，塑造水平
如此高超的佛像在陶瓷作
品中实属精品。
■ 模制瓷塑是将瓷塑名师
的作品制作成模，由不具
塑造能力的陶工成批翻制，
大大提高了瓷塑的产量。

孩儿红 梅花杯

127 清（公元 1620–1720）
德化窑
V&A 博物馆藏

■ "孩儿红"是在氧化焰
环境中的一种窑变釉色，
迎光看去，可见婴儿肌肤
般粉嫩红色，温馨可爱，
在白瓷中极为少见，也是
德化窑难得的品种，存世
量极少。

洞箫

126 明－清（公元 1600–1650）
德化窑
大卫基金会藏

■ 清初周亮工在《闽山记》中对
此类作品评价道："色莹白，式
亦精好，但累百枝，无一二合
调者，合则声凄朗，远出竹上。"
说明瓷制箫笛要达到音准相当
困难。一旦制成一枝音准的瓷
箫笛，音色将比较别致。

荷叶洗

128

清 康熙
德化窑
吉美博物馆藏

象牙白 杯（两只）

129

清 康熙
德化窑
吉美博物馆藏

象牙白 划花卉纹 兽耳直腿瓶

130
清 康熙
德化窑
吉美博物馆藏

堆塑蟠螭 流柄壶

131
清 乾隆
德化窑
吉美博物馆藏

荷叶酒杯

132　清 中期
德化窑
大卫基金会藏

龙纹 犀角杯

133　清 中期
德化窑
大卫基金会藏

■ 贴花犀角杯是德化白瓷中最负盛名的代表器型之一，常见饰纹为龙、虎、梅、松等，所以也叫"龙虎杯""梅花杯"等。

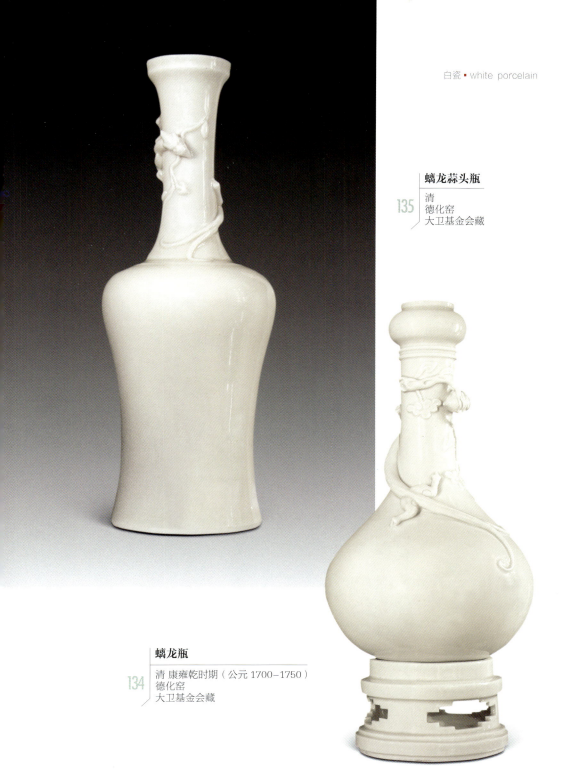

螭龙蒜头瓶

135

清
德化窑
大卫基金会藏

螭龙瓶

134

清 康雍乾时期（公元 1700–1750）
德化窑
大卫基金会藏

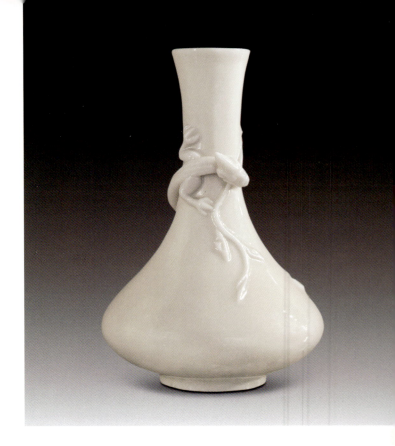

螭龙广腹瓶

136 清
德化窑
大卫基金会藏

茶壶

137 清（公元 1675－1725）
德化窑
大卫基金会藏

竹叶茶壶

138 　清（公元 1675－1725）
德化窑
大卫基金会藏

刻字沿口洗

139 　清
德化窑
大卫基金会藏

马可·波罗香炉

140

清（公元 1675–1725）
德化窑
大卫基金会藏

■ 这批香炉是第一次世界大战前流往欧洲的。几个国家都有类似藏品。这只炉盖是透花的，炉下配以支座。据说元代一位皇帝为纪念马可·波罗而修建了一座庙宇，供后来皇帝求拜建筑之神而用。这种香炉即仿照这座庙宇造型而制，故称"马可·波罗香炉"。

阿拉伯文字纹　盖圆盒

141

清 中期
德化窑
大卫基金会藏

螭龙圆印盒

142　清（公元 1675–1725）
德化窑
大卫基金会藏

梅花盆景

144　清（公元 18 世纪）
德化窑
大英博物馆藏

兽钮印章

143　清（公元 18 世纪）
德化窑
大卫基金会藏

无釉 山景笔架

145 清（公元 19 世纪）
南方窑
大英博物馆藏

象形香炉（两只）

146 清
漳州窑
大卫基金会藏

■ 漳州窑是明清时期南方主要窑口之一，分布于福建漳州的平和、漳浦、南靖、云霄、诏安、华安等县，较具代表性的为平和的南胜窑和五寨窑。

■ 漳州窑以烧造白瓷和素三彩为主，所产米黄色釉小开片瓷也十分著名。在白瓷生产上，漳州窑和景德镇窑及其他一些南方窑口一样，多仿造定瓷。入明后，素有"东方第一大港"美誉的泉州港逐渐衰败，漳州月港取而代之，成为当时海外交通和贸易的重要港口。月港的崛起也带动了漳州窑造瓷业的繁荣和发展。明万历末，朝纲不振，国势衰退，景德镇窑工与陶监矛盾激化，暴力斗争频发，加之原料短缺，景德镇产量锐减，出口近于停顿。荷兰东印度公司在漳州窑大量收购仿景德镇瓷器，以满足西方人对景德镇瓷的需求，日本人也从漳州购买大量瓷器，漳州窑生产红红火火。清初政府实行"海禁"后月港衰落，以外销为经济支柱的漳州窑也因断了销路而不得不停产熄火。

■ 这对香炉是先用低温烧制出白色胎体后再上透明釉或白釉，鉴赏家称这种类型的白瓷为"土定"。

后 记

近些年来，在我国掀起的工艺品收藏热方兴未艾。俗话说"盛世收藏"，这也从一个侧面反映出了我国国泰民安、经济繁荣的大好景象。中华五千年的历史和文化从未间断过，这在全世界是唯一的；全程见证五千年历史的中国工艺美术品，其形式和材料的多样化，制作的精美程度，在全世界也是首屈一指的。目前，许多出版物及互联网，对国内现存的工艺美术精品，从不同角度、不同层面分别进行了详细的介绍和精辟的研究。但是，大量流传在海外的中国工艺品在国内介绍的相对较少，我们出版这套《海外珍藏中华瑰宝》系列图书的目的，也正是为了填补这一空白。

收藏工艺品，并非只是为了保值、增值，更主要的还是为了陶冶情操，开拓知识面，提高艺术修养。正是基于这一点，我们在该书的叙述文字及图片说明中，除了对这些工艺品的材料、器型、纹饰、色彩等主要特征及制作工艺、辨伪技巧加以介绍外，还对这些器物产生的历史背景和时代特征予以阐述，同时结合纹饰的内容和形式，介绍有关的历史典故和民俗传统；对这些艺术品在艺术风格上所形成的流、派及发展和衍变过程，它们在美学上所产生的影响，近年国内外拍卖市场的行情等，也都作了不同程度的说明。由于这些藏品现存于海外，我们也特意介绍了中国工艺品在西方是如何受到狂热的追捧，及它们对西方艺术品制作所产生的影响；我们还介绍了西方学者在研究中国工艺品方面所取得的学术成就等。

根据我们了解的情况，这些在国际上影响较大的博物馆，对藏品的征集和研究是严肃认真的，鉴定是细致和科学的。我们把一些图片与北京故宫博物院等国内著名博物馆的同类藏品进行了比对，彼此的鉴定结论基本是一致的。书中所载的图片，除了极少数的附图外，绝大部分都是实物拍摄，因此，器物色彩还原比较真实。这样，对收藏爱好者和研究者准确地了解这些艺术品的原貌，提供了较为可靠的依据。由于本书作者的学识水平有限，书中难免存在谬误，不当之处，欢迎读者批评指正；对书中某些观点有不同看法，对某些藏品的真伪表示质疑，也欢迎读者提出来讨论。

我们本次出版的"瓷器卷"和"杂宝卷"，图片主要来自欧洲收藏中国工艺品最多的英国、法国，以及西班牙的几个世界级的大博物馆。随后，我们把其他国家收藏的中国工艺美术精品搜集、整理，也将陆续编辑出版。

本系列图书在作品的翻拍过程中，得到了大英博物馆、吉美国立亚洲艺术博物馆、大卫中国艺术基金会、维多利亚和阿尔伯特博物馆、赛努奇博物馆、西班牙国家装饰艺术博物馆、卡纳克·杰美术馆等机构的大力协助；在编辑、出版方面，受到北京工艺美术出版社陈高潮社长的热情关注和大力支持，在此，一并表示衷心地感谢！

作者

2010 年 10 月